Mette Mølbak

Die 2-Tage-Küche

Einfach planen – doppelt genießen

JAN THORBECKE VERLAG

Inhalt

Hören Sie auf, Essen zu verschwenden – und machen Sie aus weniger mehr
Vorwort von Selina Juul Seite 5

Reste sind die Basis für etwas Neues
Vorwort der Autorin Seite 6

Sie brauchen nicht jeden Tag von Grund auf neu anzufangen Seite 7

Für einen guten Start Seite 9

Rezepte
- Huhn Seite 13
- Gemüse Seite 39
- Fisch Seite 65
- Fleisch Seite 91
- Hackfleisch Seite 129
- Süßes Seite 147
- Basisrezepte Seite 161
- Register Seite 170

Die 2-Tage-Küche

- Handelt davon, wie man das Essen von heute morgen in eine neue Mahlzeit verzaubert.
- Wie man große Portionen zubereitet, ohne mehrere Tage am Stück dasselbe zu essen.
- Wie man in der Küche Zeit spart.
- Wie man Geld spart, indem man ökonomischer einkauft.
- Wie man es vermeidet, eine Menge Essen wegzuwerfen.
- Wie man seine Reste nutzt, ohne dass es nach langweiligem Resteessen schmeckt.

Hören Sie auf, Essen zu verschwenden – und machen Sie aus weniger mehr

von Selina Juul, Gründerin von Stop Spild Af Mad („Stoppt die Verschwendung von Essen") – Dänemarks größter freiwilliger Verbraucherbewegung gegen Essensverschwendung

Erinnert auch Ihr Kühlschrank in regelmäßigen Abständen an ein Hospiz für Nahrungsmittel? Dann ist dieses Buch genau das Richtige für Sie!

Denn Verschwendung von Essen kostet uns viel – an Umwelt, Tierleben und Geld. Nach Schätzungen des Bundesministeriums für Landwirtschaft kostet die Verschwendung von Essen jeden Deutschen jährlich 330 Euro und bis zu 20 Millionen Tonnen Nahrungsmittel landen in Deutschland jedes Jahr im Müll. Auf globalem Niveau zeigen die Zahlen der UN, dass die Essensverschwendung der Welt jährlich alle hungernden Kinder, Männer und Frauen der Welt ernähren könnte – drei Mal! Glücklicherweise ist das politische Bewusstsein für dieses Problem in den letzten Jahren gewachsen. Der Agrarausschuss des Europäischen Parlaments hat dazu aufgefordert, bis 2025 die Verschwendung einzudämmen und das Wegwerfen von Lebensmitteln um die Hälfte zu reduzieren. Auch wir Deutschen haben Fortschritte gemacht und leben nachhaltiger.

Wir leben in einem Land mit einfachem Zugang zu Essen und Nahrungsmitteln. Trotzdem haben wir die Tendenz, im Supermarkt zu hamstern und mehr Essen zu kochen, als wir essen können, um die Reste dann wegzuwerfen. Aber was, wenn wir ganz bewusst groß einkaufen, um Essen für mehrere Tage zuzubereiten? Die Idee erfordert nur eine kleine Investition. Im Gegenzug sparen wir nicht nur Geld und vermeiden Essensverschwendung – nein, wir schaffen uns auch freie Zeit, wenn die Reste – oder nennen wir es etwas eleganter: der Überschuss – in neue Gerichte verwandelt werden.

In diesem Licht betrachtet ist dieses Kochbuch ein solider Beitrag zum Kampf gegen die Verschwendung von Essen. Denn man muss weder ein ökofanatischer Klimakämpfer sein noch in einer Hippie-Kommune wohnen, um den Wunsch zu haben, Essensverschwendung zu vermeiden. Es ist ganz einfach gesunder Menschenverstand, beim Kochen sowohl Zeit als auch Geld zu sparen.

Wir Verbraucher haben eine enorme Macht, die Welt zu verändern. Mit einem einfachen, persönlichen Beitrag, auch Ihre Essensverschwendung zu verringern, tun sie gleichzeitig Ihrem Geldbeutel, Ihrer Zeit, der Umwelt und dem Erdball einen großen Gefallen.

Reste sind die Basis für etwas Neues

Während ich die Rezepte für dieses Buch fertigstellte, waren die Medien voll von Geschichten über Pferdefleisch in Fertiggerichten, Köttbullar und Hackfleisch. Diese Geschichten haben einige dazu gebracht, darüber nachzudenken, was sie da eigentlich essen; und Meinungsforscher sprechen davon, dass wir zur echten und authentischen Küche zurückfinden sollten, in der das Essen von Grund auf selbst gemacht wird. Aber wie macht man das in einem hektischen Alltag, in dem es bei den meisten immer weniger Freizeit gibt? In einer Zeit, in der wir in Zeitdruck sind wie nie zuvor? In der die schnellen Lösungen meist wie die besten wirken?

Das versuche ich in diesem Buch zu vermitteln. Mein Konzept baut auf der Idee auf, das zu tun, was die Generationen vor uns getan haben, nämlich das Essen besser auszunutzen: Reste als Basis für eine neue Mahlzeit anzusehen und nicht als etwas Lästiges, das Platz im Kühlschrank wegnimmt. Dadurch macht das Kochen in vielerlei Hinsicht mehr Spaß, weil man sich selbst dazu zwingt, von den vorhandenen Lebensmitteln im Kühlschrank ausgehend kreativ zu denken, anstatt etwas Neues zu kaufen.

Ich hoffe deshalb, dass Sie sich von den Rezepten des Buches inspirieren lassen und Lust bekommen, das tägliche Kochen zu überdenken, sodass der Alltag leichter wird und gleichzeitig weniger Essen weggeworfen wird.

Mette Mølbak

Man braucht nicht jeden Tag von Grund auf neu anzufangen

Mein eigener Alltag ist, wie der der meisten anderen, vollgestopft. Ein voller Arbeitstag, zwei kleine Kinder, die abgeholt werden müssen, ein Zuhause, das täglich vor dem Chaos bewahrt werden muss, sowie Freunde und Familie, die getroffen werden wollen. Und dann ist da noch das Abendessen.

Ziemlich oft ist um 16:22 Uhr in meinem Kopf die Frage aufgeleuchtet: WAS SOLLEN WIR NUR HEUTE ABEND ESSEN? Ein verzweifelter Blick ins Kühlregal des Supermarkts gab selten eine befriedigende Antwort. Essenspläne waren für mich auch keine Lösung. Irgendwie bekomme ich sofort einen Blackout, wenn ich fünf verschiedene Mahlzeiten im Voraus planen soll. Oder darüber nachzudenken, auf was ich am Donnerstag Lust habe. Keine Ahnung. Gleichzeitig war ich genervt davon, dass die tägliche Abendmahlzeit ein Stressfaktor war. Sowohl in Bezug darauf herauszufinden, was wir kochen sollten, als auch in Bezug auf das Gefühl, dass wir jeden Abend von vorn anfingen. Denn Essen soll meiner Ansicht nach mit Genuss, Zusammensein und guten Geschmackserlebnissen verbunden sein, ohne dass die Zubereitung unnötig viel Raum einnimmt.

Es musste also eine Lösung gefunden werden, und ich begann zu experimentieren, wie ich das Kochen rationalisieren könnte. Ich kochte große Portionen auf einmal, die für mehrere Tage reichten, aber ich fand schnell heraus, dass z.B. der Kinderfamilienklassiker, Spaghetti Bolognese, am 3. oder 4. Tag nicht gerade ein kulinarisches Erlebnis ist. Auch wenn es noch so praktisch ist. Deshalb dachte ich darüber nach, wie die großen Portionen in neue und andere Gerichte verwandelt werden könnten, um zu vermeiden, mehrere Tage am Stück dieselbe Fleischsauce zu essen, und wie wir es, wenn wir heute etwas mehr kochen, morgen beim Kochen einfacher haben könnten. Oder mit anderen Worten: Wie wir mit simplem Großbetriebdenken – z.B. indem wir ein ganzes Huhn braten, mehr Kartoffeln kochen oder eine doppelte Portion Rote Bete schälen – unsere Mahlzeit zu einem größeren kulinarischen Vergnügen machen und dazu noch Zeit und Geld sparen können. Zeit, weil das Essen am 2. Tag oft einfach zuzubereiten ist. Geld, weil das Essen besser ausgenutzt und weniger weggeworfen wird. Auf diese Weise kann man es sich auch leisten, Nahrungsmittel von guter Qualität und hochwertiges Fleisch zu kaufen. Wir können also Essen von Grund auf selbst machen – ohne dass wir jeden Tag von vorn anfangen.

Zurück zur guten Hausfrauen-Ökonomie

In diesem Buch geht es also darum, jedes Mal an mehr als eine Mahlzeit zu denken. Das erfordert, dass man in etwas größeren Dimensionen denkt, sowohl beim Einkauf als auch beim Kochen. Statt ein Päckchen Hühnerbrust zu kaufen, muss ein ganzes Hühnchen her, und statt 500 g Kartoffeln zu schälen, muss vielleicht 1 kg zubereitet werden. Der Gewinn, dass die Mahlzeit am Tag darauf einfach zu machen ist, übersteigt die Mehrarbeit, eine doppelte Portion Kartoffeln oder Fleisch zuzubereiten, um ein Vielfaches. Es geht eigentlich vor allem darum, eine Gewohnheit zu ändern, weil wir es nicht gewohnt sind, im Alltag Essen für mehr als vier Personen zu kochen.

Aber in grundlegender Hinsicht geht es auch darum, es so zu machen, wie es die Generationen vor uns gemacht haben, bevor die Kühlregale von kleinen Portionspäckchen überquollen. Damals nahm man das ganze Stück Fleisch und nutzte es voll aus. Kochte Suppe, servierte Braten und verwendete das Übriggebliebene für eine Restepfanne. Meine Mutter ist dahingehend ein Vorbild und eine große Inspirationsquelle für mich, weshalb viele ihrer Rezepte auch der Ausgangspunkt für meine sind. Auch wenn mein Arbeitsleben anders ist als das meiner Mutter, ist es möglich, einige der alten Methoden in der modernen Küche zu verwenden.

Von Essensverschwendung zum Überschuss

Es ist etwas, was wir im Alltag nur selten überdenken, aber die täglichen Essensreste, die im Abfalleimer landen, kosten uns jedes Jahr eine stattliche Summe. Dazu kommt die Belastung für das Klima. Es gibt also gute Gründe, an Wiederverwertung zu denken. Ich bezeichne Reste nicht als Reste – sondern als überschüssiges Essen. Das tue ich, weil das überschüssige Essen mir Überschuss im Alltag gibt: Ich spare Zeit in der Küche und Geld im Supermarkt. Aber damit es sinnvoll ist, Reste zu nutzen, müssen es genug sein – sonst enden sie als kleine, in Folie gewickelte Dinger im Kühlschrank, von denen keiner weiß, was es ist. Deshalb arbeite ich in diesem Buch mit größeren Mengen. Ein Weißkohlkopf kann Essen für mehrere Tage ergeben. Dasselbe kann ein Braten, ein großes Hühnchen oder 1 kg geschältes Gemüse.

Für einen guten Start

Think big

Wenn für morgen Essen übrig sein soll, müssen Sie heute mehr einkaufen – und manchmal auch am ersten Tag etwas mehr Zeit in die Zubereitung des Essens investieren. Aber es dauert nicht viel länger, in einer doppelten Portion Hackfleisch zu rühren oder ein paar Karotten mehr zu schneiden, wenn man schon einmal dabei ist.

Verwenden Sie große Fleischstücke

Aus zwei Hühnerbrüsten können Sie kein Essen für zwei Tage machen. Kaufen Sie daher große Stücke – z.B. ein ganzes Hühnchen, einen ganzen Braten oder Fisch.
Das ist auch oft auch billiger als die fertigen Kleinteile.

Abendessen muss nicht aus Fleisch, Sauce und Kartoffeln bestehen

Untersuchungen zeigen, dass wir die gleichen Gerichte wieder und wieder essen – das ganze Leben lang. Hackfleisch und Hühnchen stehen ganz oben in den Top Ten der meistgegessenen Gerichte. Es ist eine Herausforderung, seine Gewohnheiten zu durchbrechen, aber gerade durch das Ausnutzen von Resten hat man die Möglichkeit, die Abendmahlzeiten weit mehr zu variieren, sodass es nicht an vier von zehn Tagen Spaghetti mit Hackfleischsauce gibt. Vor allem, wenn wir uns von der Vorstellung verabschieden, dass ein Abendessen warm sein muss. Dann ist plötzlich Platz für viel mehr Salate, Suppen, Sandwiches und vegetarische Gerichte, die sowohl gut für den Geldbeutel als auch für die Umwelt sind.

Vergessen Sie Essenspläne – und setzen Sie sich ein paar Fixpunkte

Essenspläne sind populär, aber die wenigsten können danach leben. Deshalb arbeite ich mit einigen Fixpunkten in der Woche. Beispielsweise essen wir jeden Mittwoch Fisch, weil wir an diesem Tag welchen nach Hause geliefert bekommen. Also mache ich Essen für Montag und Dienstag, damit die ersten Tage der Woche abgedeckt sind. Die Fischreste von Mittwoch können am Donnerstag zu einem neuen Gericht werden. Am Freitag machen wir vielleicht einen großen Braten, der am Samstag oder Sonntag weitergenutzt werden kann – dann ist die Essensplanung unter Dach und Fach.

Ein anderer wöchentlicher Fixpunkt können Omelettes sein. Das ist eine einfache und billige Art, das zu verbrauchen, was auch immer sich im Gemüsefach befindet, und erfordert darüber hinaus nur ein paar Eier. Die Idee dahinter ist ganz einfach, dass ein wöchentlicher Fixpunkt es so viel einfacher macht zu entscheiden, was an den übrigen Tagen auf dem Speiseplan stehen soll..

Bestücken Sie Ihre Vorräte

Wenn Sie überschüssiges Essen ausnutzen wollen, ist eine gute Vorratshaltung unentbehrlich. Vorrat ist all das, was Sie an länger Haltbarem im Küchen-, Kühl- und Gefrierschrank haben. Aber es sind auch feste Dinge auf der Einkaufsliste. Mit Zwiebeln, Tomaten, Zitronen und Kräutern kann man schon sehr weit kommen.

Mein Vorrat

Pesto – entweder selbst gemachtes oder gekauftes von guter Qualität
Öle – Oliven-, Walnuss-, Raps- und Sonnenblumenöl
Essig – Balsamico, Rot- und Weißweinessig, Kräuteressig (siehe Seite 169)
Pasta und Reis – Spaghetti, Penne, Basmatireis und Risottoreis
Käse – Feta, Ziegenkäse oder Blauschimmelkäse
Oliven, Kapern und Cornichons
Tomaten aus der Dose und Tomatenmark
Frische Kräuter – Basilikum, Petersilie, Thymian und Rosmarin
Zwiebeln – Haushaltszwiebeln, rote Zwiebeln und Knoblauch
Zitronen

Bevor Sie loslegen

Denken Sie an die Planung

Einige der Rezepte in diesem Buch passen auf den ersten Blick nicht in einen vollen Alltag. Es dauert unbestreitbar länger, einen Schweinebraten zu machen als ein Hühnerbrustfilet. Deshalb ist das letztgenannte vorzuziehen, wenn es um einfaches Alltagsessen geht, und wir haben uns nach und nach daran gewöhnt, dass große Stücke Fleisch oder Essen, das lange köcheln muss, nur für festliche Gelegenheiten sind.

An den meisten Tagen bin ich selbst so spät zu Hause, dass es unmöglich ist, etwas zu kochen, das mehrere Stunden im Topf oder im Ofen sein muss. Der Trick ist deshalb, am Abend zuvor anzufangen. Wenn im Haus Ruhe eingekehrt ist, bereite ich ab und zu das Essen für die nächsten paar Tage vor – das können eine Suppe oder eine Fleischsauce sein, und auch Eintopfgerichten tut es gut, wenn sie bis zum nächsten Tag durchziehen können. Ein Schweine- oder Rinderbraten sollte natürlich direkt aus dem Ofen serviert werden. Alles andere ergäbe keinen Sinn. Verwenden Sie für solche Projekte daher einen freien Tag oder einen Homeoffice-Tag.

Essen Sie nach Saison

Die Rezepte, die ich in dieses Buch aufgenommen habe, kommen sowohl aus der dänischen als auch der internationalen Küche und sind nicht unbedingt saisonal, aber manche Gerichte eignen sich natürlich mehr für Frühjahr und Sommer, z.B. Frikassee mit Spargel und ungeschälte Krabben, während die gehaltvollen Eintöpfe eher in die kalte und dunkle Zeit passen. Ich finde, es spricht aber viel dafür, die Dinge zu essen, die gerade Saison haben. Sie schmecken besser und sind preiswerter.

Essen Sie ohne schlechtes Gewissen

In den letzten Jahren hat sich der Fokus sehr stark auf die Gesundheit gelegt; mehr und mehr Menschen folgen mehr oder weniger extremen Ernährungsrichtlinien, und auf allem wird inzwischen der Kaloriengehalt angegeben.

In meiner Küche ist nichts verboten. Hier gibt es Pasta, Zucker, Fleisch und Mayonnaise. Aber es gibt auch massenhaft Gemüse, Fisch, Beeren und Körner. Für mich und meine Familie ist es das Wichtigste, dass wir uns abwechslungsreich ernähren. Ich habe manche meiner Lieblingsgerichte mit eingebracht, die eine ganze Menge Butter und Sahne enthalten. Ich finde, man sollte solche Dinge nicht jeden Tag essen, aber das wichtigste in meiner Küche ist, dass das Essen so weit wie möglich selbst gemacht ist und nicht zu viele Zusatzstoffe und E-Nummern enthält. Ich glaube nämlich, das ist viel schädlicher, als Sahne, Butter oder weiße Pasta zu essen. Dazu gehört natürlich auch, dass Sie Lebensmittel möglichst in Bio-Qualität kaufen. Dies habe ich bei den Rezepten nicht mehr extra vermerkt.

Essen Sie sich satt

Alle Rezepte sind für 3–4 Personen berechnet. Ausgangspunkt dafür ist meine eigene Familie, die aus zwei Erwachsenen und zwei kleinen Kindern besteht. An manchen Tagen essen die Kinder wie ausgewachsene Männer, an anderen Tagen geht fast nichts hinein. Sie müssen daher vielleicht die Fleisch-, Gemüse- und Fischmengen an Ihre eigene Familie anpassen, aber meine Erfahrung ist, dass auch manches, das nicht nach viel aussieht, eine gut sättigende Mahlzeit sein kann, die Essensüberschuss für den Folgetag hinterlässt.

Rezepte

Wie bekomme ich genügend Reste?

In mehreren Rezepten schlage ich vor, dass vor dem Servieren Fleisch für den nächsten Tag beiseitegestellt wird. An anderen Stellen erwähne ich es nicht. Im Grunde ist es Geschmackssache, ob man vor dem Servieren Fleisch abzweigen will.

Beachten Sie, dass Sie für das Rezept am 2. Tag oft nicht dieselbe Menge Fleisch brauchen. In Eintöpfen und Reispapierrollen z.B. kann man sich mit etwas weniger als der Hälfte begnügen und immer noch eine sättigende Mahlzeit bekommen.

Wenn nicht anders aufgeführt, sind die Ofentemperaturen immer in Heißluft angegeben.

Die Vorteile, Essen für zwei Tage zuzubereiten

- Man muss nicht jeden Tag komplett neu anfangen.
- Man spart Geld, weil man ökonomischer einkauft.
- Man spart Zeit, weil das Essen für den zweiten Tag einfach und schnell zuzubereiten ist.
- Man wirft weniger Essen weg.

Huhn

Wenn Sie das Huhn im Frühling oder Sommer zubereiten, können Sie statt Wurzelgemüse Sommergemüse dazu servieren – z.B. junge Karotten, Spargel und/oder Spitzkohl.

Zitronenhühnchen auf Wurzelgemüsebett

Die Zitronen machen das Huhn besonders saftig, und mit sättigendem Wurzelgemüse bleibt unter Garantie Fleisch für den Folgetag übrig.

1 großes Huhn, ca. 1,6 kg
Salz und Pfeffer
2 Zitronen
800 g gemischtes Wurzelgemüse, z.B. Rote Beten, Pastinaken und Karotten

Dressing
1 gute Handvoll Petersilie
1 Knoblauchzehe
Schale von 1 Zitrone

Beilage
640 g Kochweizen oder 1,5 kg neue Kartoffeln

Das Huhn abspülen und innen und außen mit Salz und Pfeffer würzen. Die Zitronen waschen, in kleinere Spalten schneiden und das Huhn damit füllen. Falls ein paar frische Kräuter im Haus sind, kann man sie gut mit hineinstecken. Das Huhn evtl. mit einer Fleischnadel verschließen.

Das Wurzelgemüse putzen, schälen und in ca. 2 × 2 cm große Stücke schneiden. In einen Bräter geben. Den Ofen auf 200 °C vorheizen. Das Huhn auf einen Rost legen und über den Bräter in die Mitte des Ofens schieben. 30 Minuten mit der Brust nach oben braten, dann wenden und 35 Minuten mit der Brust nach unten braten. Das Huhn ist fertig, wenn der Fleischsaft klar ist.

Inzwischen den Weizen nach Packungsanweisung kochen. Die Hälfte der fertig gekochten Körner für den nächsten Tag beiseitestellen. Dasselbe gilt, falls Sie Kartoffeln dazu servieren. Das Hühnchen aus dem Ofen nehmen und vor dem Aufschneiden ein paar Minuten ruhen lassen. Zerteilen, die Brüste abschneiden und für den nächsten Tag aufsparen.

Petersilie und die Knoblauchzehe fein hacken und mit der geriebenen Zitronenschale vermischen. Die Mischung über das geröstete Wurzelgemüse streuen. Das Huhn mit Wurzelgemüse und Weizen oder Kartoffeln servieren.

Ungefähre Garzeit für Hühnchen:
1,3 kg ca. 50–55 Minuten
1,6 kg ca. 55–60 Minuten
2 kg ca. 65–70 Minuten

Salat mit Hühnchen, Grapefruit, Walnüssen und Avocado

Ein Salat, der Säuerliches, Knuspriges, Süßes und Saftiges verbindet.

2 Hühnerbrüste und anderes überschüssiges Hähnchenfleisch
2 Handvoll gemischter Salat
Kochweizen oder gekochte neue Kartoffeln vom Vortag
2 Avocados
1–2 rote Grapefruits, abhängig von der Größe
80 g Walnüsse

Vinaigrette
5 EL Olivenöl
2 EL Apfelessig
1 TL grobkörniger Senf
1 TL Honig
Salz und Pfeffer

Beilage
Brot

Das Hühnerfleisch in feine Streifen zupfen. Den Salat waschen. Die Kartoffeln in Scheiben schneiden oder den Weizen garen. Avocados und Grapefruits schälen und in Scheiben schneiden. Fleisch, Salat, Kartoffeln oder Weizen, Avocados und Grapefruits in einer Schüssel vermischen.

Die Vinaigrette anrühren und über den Salat geben. Die Walnüsse grob hacken und über den Salat streuen. Evtl. mit Sauerteigbrot (siehe S. 166) servieren.

Wenn Sie unsicher sind, ob der ganze Salat gegessen wird, können Sie das Dressing auch jeden selbst über seine Portion gießen lassen. So kann der restliche Salat bis zum nächsten Tag aufbewahrt werden, ohne matschig zu werden.

Wenn Sie einen nahrhafteren Salat wollen, können Sie den Salat durch in feine Streifen geschnittenen Spitzkohl ersetzen. Der Salat kann auch mit Ei oder Kidneybohnen ergänzt werden, wenn er sättigender sein soll.

TAG 1:

Hühnersuppe

Eine Suppe erfordert etwas Zeit, aber falls Sie spät nach Hause kommen, können Sie sie auch am Abend zuvor kochen. So wird das Abendessen noch einfacher!

1 großes Huhn, 1,6 kg
1 Zwiebel
2 Karotten
3 Petersilienwurzeln
1 Sellerie
Evtl. 1 Suppenknochen
6 Pfefferkörner
1 Lorbeerblatt
Einige Stängel Petersilie
Salz und Pfeffer

Einlage
Hühnerfleisch
1 Lauch
3 Karotten

Beilage
Brot

Das Huhn waschen. Die Zwiebel schälen und halbieren. Karotten, Petersilienwurzeln und Sellerie schälen und in kleinere Stücke schneiden. Huhn, evtl. Suppenknochen und Gemüse in einem großen Topf mit Salzwasser bedecken. Es sollten mindestens 2 Liter Wasser sein und pro Liter 1 Teelöffel Salz. Pfefferkörner, Lorbeerblatt und Petersilie hinzufügen. Bei konstanter, aber schwacher Hitze kochen lassen – so wird das Fleisch saftiger. Das Hühnchen herausnehmen, wenn es ca. 1 Stunde gekocht hat. Die Suppe durch ein Sieb gießen und mit Salz und Pfeffer würzen. 1–1,2 l Suppe für das Risotto am nächsten Tag aufsparen.

Hühnerfleischstücke abzupfen und in die Suppenteller geben. Den Rest des Hühnchens in den Kühlschrank stellen. Den Lauch putzen und in Ringe schneiden. Die Karotten schälen und in kleinere Stücke schneiden. Lauchringe und Karotten in die Suppe geben und ca. 1–2 Minuten kochen. Wenn Sie das Gemüse ganz knackig wollen, können Sie das Kochen auch lassen und sie stattdessen direkt in die Suppenteller geben. Die Suppe mit gutem Brot servieren.

Falls Sie der Suppe eine asiatische Note geben wollen, können Sie in der durchgeseihten Suppe Nudeln kochen und etwas Chili, Ingwer und Zitronengras dazugeben.

Risotto mit Hühnchen und Pilzen

Die gute Suppe und das zarte Hühnerfleisch vom Vortag schaffen das perfekte Fundament für ein leckeres Risotto.

1,2 l Hühnersuppe vom Vortag
400 g gemischte Pilze, z.B. braune Champignons, Austernpilze, Shiitake-Pilze
1 EL Olivenöl + weiteres zum Braten der Pilze
2 Schalotten
1 EL Butter
340 g Risottoreis oder Graupen
100 ml Wermut oder Weißwein
1–2 TL Salz
Evtl. Saft von ½ Zitrone
Hühnerfleisch vom Vortag
100 g geriebener Parmesan
Salz

Zum Bestreuen
Schale von 1 Zitrone
1 kleines Bund Petersilie, gehackt

Die Hühnerbrühe in einem Topf bis knapp unter den Siedepunkt erhitzen. Die Pilze putzen, in kleinere Stücke schneiden und in einer sehr heißen Pfanne in etwas Olivenöl braten, bis sie gut durchgebraten sind und Flüssigkeit abgeben. Beiseitestellen.

Die Schalotten schälen und fein hacken. Olivenöl und Butter in einem großen Topf schmelzen lassen. Die Zwiebeln hinzufügen und bei mittlerer Hitze glasig dünsten. Risottoreis hinzufügen und glasig dünsten – das dauert ca. 1 Minute. Wermut oder Weißwein hinzufügen und einkochen lassen. Einen Löffel heiße Hühnerbrühe über das Risotto geben und unter Rühren absorbieren lassen. Weiter Brühe hinzufügen, bis das Risotto cremig ist, aber immer noch Biss hat. Mit Salz und evtl. Zitronensaft abschmecken.

Das Hühnerfleisch zerkleinern und zusammen mit geriebenem Parmesan ins Risotto geben. Den Deckel schließen und ziehen lassen, bis das Hühnchen warm und der Parmesan geschmolzen ist. Das Risotto auf die Teller verteilen, die Pilze darübergeben und mit Zitronenschale und gehackter Petersilie bestreut servieren.

TAG 1: HÜHNERSUPPE

TAG 2: RISOTTO MIT HÜHNCHEN UND PILZEN

Hühnchen mit Kartoffelgratin und Weißkohlsalat

Einfach, aber unglaublich lecker!

1 großes Huhn oder 8–10 ganze Hähnchenschenkel
2 EL Olivenöl
1 TL Curry
1 TL Paprika
1 TL Salz und frisch gemahlener schwarzer Pfeffer

Kartoffelgratin
800 g Kartoffeln
Salz und Pfeffer
Muskat
200 ml Milch (alternativ Sahne oder eine Mischung aus beidem)
100 g geriebener Käse

Weißkohlsalat
ca. ½ Weißkohl
1–2 Karotten
2 Orangen
100 g Haselnüsse

Dressing
3 EL Tahini
Saft von 1 Zitrone
1 TL Dijonsenf mit Honig, oder Dijonsenf und etwas Honig
Evtl. gehackte Petersilie zur Dekoration

Den Backofen auf 200 °C vorheizen. Das Huhn in 8 Stücke zerteilen. Die Hühnchenteile oder Hähnchenschenkel in eine feuerfeste Form legen. Mit Olivenöl beträufeln und mit Gewürzen, Salz und Pfeffer bestreuen. Im vorgeheizten Ofen ca. 40 Minuten braten.

Die Kartoffeln schälen und mit einem Gemüsehobel in papierdünne Scheiben schneiden. Eine Schicht Kartoffeln in den Boden einer großen Form legen. Mit etwas Salz, Pfeffer und Muskat bestreuen. Eine neue Schicht Kartoffeln darauflegen und wiederholen, bis die Kartoffeln verbraucht sind. Milch oder Sahne darübergießen, bis die Kartoffeln fast bedeckt sind. Etwa 30–40 Minuten im Ofen backen. Etwa 10 Minuten vor Ende der Backzeit den geriebenen Käse darüberstreuen.

Den Weißkohl mit einem Gemüsehobel oder einer Reibe fein reiben. Die Karotten schälen und ebenfalls in feine Streifen reiben. Die Orangen schälen, filetieren und in kleinere Stücke schneiden. Die Haselnüsse in einer Pfanne rösten und die Schale abreiben. Die Nüsse hacken und über den Salat streuen. Tahini, Zitronensaft und Senf verrühren und unter den Salat mischen. Mit gehackter Petersilie bestreuen. Den Salat mit Hühnchen und Kartoffelgratin servieren. Etwa ein Drittel des Hähnchens für den nächsten Tag aufsparen, am besten die Bruststücke, wenn ein ganzes Hähnchen verwendet wurde.

Clubsandwich mit Parmaschinken

Ein selbstgemachtes Clubsandwich schlägt einfach alles.

4 Scheiben Parmaschinken
1 säuerlicher Apfel
8 Scheiben Brot oder Toastbrot – oder 4 Sandwichbrötchen
1–2 Romana-Salatherzen
Hühnerfleisch vom Vortag

Dressing
¼ rote Zwiebel, entspricht 1 EL
2 Cornichons
50 g Mayonnaise (siehe evtl. S. 162)
100 g Crème fraîche
1 TL Curry
½ TL Kurkuma
1 kleine Prise Zucker
Salz und weißer Pfeffer

Zuerst das Dressing zubereiten. Die rote Zwiebel schälen und ein Viertel davon sehr fein hacken. Die Cornichons ebenfalls fein hacken und mit der Zwiebel und den übrigen Zutaten vermischen. Mit Salz und Pfeffer abschmecken.

Den Parmaschinken in einer heißen Pfanne ohne Fettzugabe knusprig braten. Den Apfel mit einem Gemüsehobel in feine Scheiben schneiden. Brötchen oder Brot rösten und mit dem Currydressing bestreichen. Den Salat abspülen, trockenschleudern und in kleinere Stücke schneiden. Salat, Hühnchen, Apfel und Parmaschinken auf das Brot legen und mit dem Dressing abschließen, bevor das zweite Brot daraufgelegt wird.

Das Sandwich evtl. mit kleinen Schüsseln Gemüsesnacks servieren, z.B. Kirschtomaten, Gurkenstäbchen, Karottenstäbchen oder Stangensellerie.

Wenn vom Weißkohlsalat noch Reste übrig sind, können auch diese dazu serviert werden.

Provenzalisches Hühnchen mit Linsensalat

Ein supereinfaches Gericht, in dem das Hühnchen sich die meiste Zeit quasi von allein macht.

1 großes Huhn, ca. 1,6 kg
1 EL Öl
1 EL Butter
8 Knoblauchzehen
2–3 frische Rosmarinzweige
200 ml Weißwein
200 g grüne Oliven mit Stein

Linsensalat
300 grüne Puy-Linsen oder schwarze Belugalinsen
1 Schalotte
½ Gurke
6 kleine Tomaten
1 gelbe Paprika
1 gute Handvoll Petersilie
Blätter von 2 Rosmarinzweigen

Dressing
Saft von 1 Zitrone
3 EL Olivenöl
1 EL Apfelessig
1 TL Dijonsenf
1 TL Salz
Pfeffer

Das Huhn abspülen und in 8 Stücke zerteilen. Öl und Butter in einem großen Schmortopf erhitzen und die Hähnchenteile anbräunen. Die Stücke evtl. portionsweise braten, wenn sie nicht alle auf einmal Platz haben. Die Knoblauchzehen schälen und leicht zerdrücken. Knoblauch und Rosmarinzweige zu den Hähnchenteilen in den Topf geben. Etwa 400 ml Wasser zugießen, sodass alles fast bedeckt ist, und Weißwein zufügen. Das Fleisch ca. 40 Minuten köcheln lassen. Kurz vor dem Servieren die Oliven hinzufügen.

Die Linsen nach Packungsanweisung kochen. Alle Zutaten für das Dressing verrühren und mit den warmen Linsen vermischen. Die Linsen etwas im Dressing ziehen lassen. Die Schalotte schälen und sehr fein hacken. Gurke, Tomaten und Paprika in feine Würfel schneiden. Das Gemüse mit den leicht abgekühlten Linsen vermischen. Petersilie und Rosmarin fein hacken und die Kräuter in den Salat mischen. Den Linsensalat zusammen mit dem Hühnchen servieren. Vor dem Servieren Hühnerfleisch für den nächsten Tag abzweigen.

Krautsalat mit Hühnchen und Ziegenkäse

Ein sättigender Salat, in dem Äpfel und Ziegenkäse einen feinen und delikaten Gegenpol zum Hühnchen bilden.

1 Spitzkohl, ca. 600 g
Hühnerfleisch vom Vortag
1 säuerlicher Apfel
50 g Walnüsse
100 g Ziegenfrischkäse

Dressing
3 EL Walnussöl
1 EL Balsamico
1 TL Sirup
½ TL Salz
Frisch gemahlener Pfeffer

Beilage
Brot und evtl. Reste von Linsensalat

Den Kohl fein schneiden, das Hühnerfleisch in Stücke zupfen und beides in einer Schüssel vermischen. Den Apfel in kleinere Würfel schneiden und in die Schüssel geben. Die Walnüsse hacken und über den Salat streuen. Zum Schluss Ziegenkäsestücke darübergeben. Alle Zutaten für das Dressing vermischen und über den Salat gießen.

Mit einem guten Brot und evtl. den Resten des Linsensalats servieren.

TAG 1: PROVENZALISCHES HÜHNCHEN MIT LINSENSALAT

TAG 2: KRAUTSALAT MIT HÜHNCHEN UND ZIEGENKÄSE

Chilihühnchen und Salat mit Blauschimmelkäse-Dressing

Das milde Hühnerfleisch bekommt hier viel Kontrast durch scharfes Chili und würziges Blauschimmelkäse-Dressing.

1 großes Huhn, ca. 1,6 kg
1 Knoblauchzehe
2 EL Chilisauce
Saft von ½ Zitrone
1 EL Olivenöl
Meersalz und Pfeffer
evtl. Chiliflocken

Salat
2 Romana-Salatherzen
250 g Kirschtomaten
60 g Serranoschinken

Dressing
50 g Mayonnaise
100 g Crème fraîche oder Quark
1 EL Zitronensaft
50 g Blauschimmelkäse
Salz und weißer Pfeffer

Beilage
gekochte Babykartoffeln oder Brot

Den Backofen auf 200 °C vorheizen. Das Huhn abspülen, in 8 Stücke zerteilen und diese in eine feuerfeste Form legen.
Den Knoblauch schälen und fein hacken. Chilisauce, Zitronensaft, Knoblauch und Olivenöl miteinander verrühren.

Die Hühnchenteile mit der Marinade bestreichen und mit Salz und Pfeffer sowie evtl. Chiliflocken würzen. Im vorgeheizten Ofen ca. 30–40 Minuten braten, bis das Fleisch gar und der austretende Saft klar ist.

Den Salat waschen, trocknen und klein schneiden. Die Tomaten halbieren. Den Schinken in kleinere Stücke schneiden und in einer Pfanne ohne Fettzugabe knusprig braun braten. Salat und Tomaten in einer Schüssel anrichten und mit Schinkenstücken bestreuen.

Für das Dressing Mayonnaise, Crème fraîche oder Quark und Zitronensaft verrühren. Den Käse hineinbröckeln. Mit einer Gabel rühren und zerdrücken, bis der Käse sich ganz aufgelöst hat. Mit Salz und Pfeffer abschmecken und das Dressing über den Salat gießen. Den Salat zum Hühnchen servieren, evtl. zusammen mit kleinen gegarten Kartoffeln oder Brot.

Vor dem Servieren Hühnchen für den nächsten Tag abzweigen.

Hühnchen aus dem Wok mit Erdnusssauce

Ein Wokgericht ist ein guter Anlass, das Gemüsefach zu leeren, da man auch gut anderes Gemüse als das im Rezept angegebene verwenden kann.

Erdnusssauce
100 g stückige Erdnussbutter
2 EL Fischsauce
Saft von 1 Limette
50 g Crème fraîche oder Frischkäse

Marinade
1 Stück Ingwer, ca. 5 cm
2 Knoblauchzehen
2 EL Akazienhonig
2 EL Sojasauce
1 EL süße Chilisauce
2 EL Apfelessig
2 EL Olivenöl
½ TL Salz
Frisch gemahlener Pfeffer

Hühnerfleisch vom Vortag
½ rote Chili
2 rote Zwiebeln
½ Spitzkohl, Pak Choi oder ¼ Weißkohlkopf
2 Paprika
Olivenöl zum Braten

Dekoration
Einige Zweige Koriander, gehackt
1 Limette, in Spalten geschnitten
Sojasauce

Beilage
Nudeln oder Reis

Zuerst die Erdnusssauce zubereiten. Erdnussbutter, Fischsauce, Limettensaft und Crème fraîche miteinander verrühren.

Den Ingwer schälen und reiben. Die Knoblauchzehen schälen und hacken. Ingwer, Knoblauch, Akazienhonig, Sojasauce, süße Chilisauce, Apfelessig, Olivenöl, Salz und Pfeffer zu einer Marinade verrühren. Das Hühnerfleisch zerzupfen, in der Marinade wenden und ziehen lassen.

Die Chili in dünne Scheiben schneiden und die Zwiebeln schälen. Zwiebeln, Kohl und Paprika klein schneiden. Einen Wok erhitzen und das Gemüse in Olivenöl nur kurz braten, damit es noch knackig bleibt. Hühnchen und Marinade hinzufügen und erhitzen. Mit gehacktem Koriander bestreuen und mit Nudeln oder Reis, Limettenspalten, Sojasauce und Erdnusssauce servieren.

TAG 1:

Frikassee mit Frühlingsgemüse

Dies ist ein richtiges Frühlingsgericht, das Erinnerungen an Großmutters Küche weckt.

1 Zwiebel
2 Karotten
1 Lauch
1 großes Huhn, ca. 1,6 kg
10 Pfefferkörner
1 Lorbeerblatt
Evtl. ein paar Kräuter, z.B. Petersilie und Thymian
Salz

Sauce
100 g Schlagsahne
100 ml Weißwein
2 EL Mehl
1 TL Salz
Weißer Pfeffer
Evtl. 1–2 EL Zitronensaft

Beilage
500 g neue Kartoffeln
Salz
1 Bund grüner Spargel
1 Bund weißer Spargel

Die Zwiebel schälen und halbieren. Die Karotten schälen, den Lauch putzen und beides n kleinere Stücke schneiden. Das Huhn zusammen mit Zwiebeln, Karotten, Lauch, Pfefferkörnern, Lorbeerblatt und den Kräutern, falls verwendet, in einen Topf geben. Wasser zugießen, bis das Hühnchen gut bedeckt ist. Pro Liter Wasser 1 Teelöffel Salz zufügen. Bei schwacher Hitze ca. 1 Stunde köcheln lassen.

Die Kartoffeln waschen und in leicht gesalzenem Wasser ca. 5 Minuten kochen. Die Platte ausschalten und die Kartoffeln ca. 15 Minuten ziehen lassen, bis sie weich sind. Das Wasser abgießen.

Das Hühnchen herausnehmen und in passende Stücke schneiden. Warm halten, während die Sauce zubereitet wird. Die Brühe durch ein Sieb gießen und 300 ml für die Sauce abmessen. Den Rest aufheben.

Die Hühnerbrühe in einem Topf mit Sahne und Weißwein verrühren. Mehl mit 100 ml Wasser verrühren, in die Sauce geben und aufkochen, bis die Sauce eindickt. Mit Salz, weißem Pfeffer und evtl. Zitronensaft abschmecken.

Die Spargelenden entfernen, den weißen Spargel schälen, den Spargel in etwas kochendem Wasser ein paar Minuten garen, sodass er immer noch Biss hat. Der grüne sollte 2 Minuten garen, der weiße 4–6 Minuten.

Vor dem Servieren Fleisch für das Gericht des nächsten Tages abzweigen. Das Hühnchen mit Sauce, Spargel und Kartoffeln servieren.

Die restliche Hühnerbrühe für Suppe oder Risotto aufheben (siehe z.B. Rezept Seite 19).

Klassischer Hühnerfleischsalat

Ein selbstgemachter Hühnerfleischsalat ist ein tolles Essen, das ohne weiteres als volle Mahlzeit taugt. Servieren Sie vielleicht noch anderen Belag zum Roggenbrot.

Hühnerfleisch vom Vortag
200 g Mayonnaise
(oder evtl. 100 g Mayonnaise + 100 g Crème fraîche), siehe Seite 162
250 g Champignons
Olivenöl
1 säuerlicher Apfel
Saft von ½ Zitrone
Salz und weißer Pfeffer
Etwas Petersilie

Das Hühnerfleisch vom Knochen lösen und in kleinere Stücke schneiden. Mayonnaise zubereiten und mit dem Hühnerfleisch verrühren. Die Champignons putzen, in Scheiben schneiden und in einer sehr heißen Pfanne in ein paar Tropfen Olivenöl braten. Den Apfel in kleinere Würfel schneiden und mit dem Salat vermischen. Evtl. weißen und grünen Spargel hinzufügen, falls vom Vortag welcher übrig ist. Mit Zitronensaft, Salz und weißem Pfeffer abschmecken.

Auf geröstetem Roggenbrot servieren – evtl. mit einem Stück gebratenem Bacon oder Parmaschinken. Mit etwas gehackter Petersilie bestreuen.

Hühnchen ist sehr einfach wiederzuverwerten. Überschüssiges Hühnerfleisch kann auch für folgende Gerichte verwendet werden:

- Tartelettes mit Hühnchenfüllung
- Reispapierrollen mit Hühnerfleisch
- Hühnchen mit Tomatensauce, Kapern und Spaghetti (siehe Rezept für Tomatensauce Seite 74)
- Hühnchen in Currysauce
- Hühnchen als Füllung einer Quiche

1 oder 2 Hühnchen?

Falls Sie kein Huhn mit 1,6 kg Gewicht bekommen können, bleibt es Ihre Entscheidung, ob Sie mit weniger Fleisch ebenfalls alle satt werden. In meiner Familie mit zwei Erwachsenen und zwei kleinen Kindern geht das. Ansonsten kaufen Sie zwei Hühnchen. Es dauert nicht länger, zwei Hühnchen zuzubereiten, aber es macht das Kochen am nächsten Tag sehr viel einfacher.

Gemüse

TAG 1:

Ratatouille mit Lammkoteletts

Ratatouille ist der Geschmack von Südfrankreich und passt besonders gut zu Lamm, schmeckt aber auch zu Fisch und Hühnchen lecker.

Ratatouille
2 Zwiebeln
Olivenöl
3 Knoblauchzehen
2 kleine oder 1 große Zucchini
1 große Aubergine
3 verschiedenfarbige Paprika
750 g kleine Tomaten, z.B. Kirsch-, Cocktail- oder Datteltomaten (oder 3 Dosen geschälte Tomaten)
140 g Tomatenmark
2 Rosmarinzweige
Evtl. einige frische Thymianzweige
Salz und Pfeffer
½ TL Zucker

Koteletts
2 Rosmarinzweige
4–6 Lammkoteletts

Beilage
Gegarte Kartoffeln, Puy-Linsen oder Couscous
Frisch gehackter Rosmarin

Die Zwiebeln schälen und fein hacken. Das Öl in einer Pfanne erhitzen und die Zwiebeln bei schwacher Hitze darin ein paar Minuten dünsten. Die Knoblauchzehen leicht zerdrücken und schälen, zu den Zwiebeln geben und einige Minuten mitdünsten. Beiseitestellen.

Zucchini, Aubergine und Paprika in kleine Würfel schneiden. 2 Esslöffel Olivenöl erhitzen und die Auberginenwürfel darin ca. 3–4 Minuten braten. Evtl. mehr Öl hinzufügen. Beiseitestellen. Dann Zucchini und Paprika in 1–2 Esslöffel Öl ebenfalls 3–4 Minuten braten. Alles Gemüse in einen großen, heißen Topf füllen. Tomaten, 200 ml Wasser (nur, wenn Sie keine Dosentomaten verwenden) und Tomatenmark unterrühren. Rosmarin- und Thymianzweige dazugeben und das Ratatouille mindestens 30–40 Minuten zugedeckt köcheln lassen. Zum Schluss evtl. offen etwas einkochen lassen. Die Tomaten ggf. leicht mit einem Löffel zerdrücken.
Mit Salz, Pfeffer und Zucker abschmecken.
Die Hälfte für den nächsten Tag abfüllen.

Öl in einer Pfanne erhitzen. Die Rosmarinzweige hineingeben und die Lammkoteletts bei starker Hitze auf jeder Seite ca. 2–3 Minuten braten, dann salzen und pfeffern.
Mit Ratatouille und Kartoffeln, Linsen oder Couscous servieren. Mit frisch gehacktem Rosmarin bestreuen.

Gemüselasagne

Hier ist das Ratatouille die Basis einer vegetarischen Lasagne, in der sich Walnüsse, Ricotta und Spinat auf wundervolle Weise vereinigen.

250 g frischer Spinat
1 EL Olivenöl
Ratatouille vom Vortag
250 g Ricotta
75 g Walnusskerne
Saft von ½ Zitrone
Salz und Pfeffer
1 Päckchen frische Lasagneblätter, 250 g (falls Sie getrocknete verwenden, müssen Sie sie entweder vorkochen oder die Lasagne länger backen)
100 g geriebener Parmesan

Beilage
Salat und evtl. Brot

Den Spinat waschen und abspülen. Das Öl bei mittlerer Hitze in einer Pfanne erhitzen und den Spinat sautieren, bis er leicht zusammenfällt.

Die ganzen Rosmarinzweige aus dem Ratatouille herausnehmen und das übrig gebliebene Ratatouille etwas pürieren, bis die Konsistenz gleichmäßiger ist.

Den Ricotta in eine Schüssel geben, den Spinat leicht ausdrücken und mit dem Ricotta vermischen. Die Walnusskerne hacken und dazugeben. Alles mit Zitronensaft, Salz und Pfeffer abschmecken.

Den Backofen auf 200 °C vorheizen. Etwas Ratatouille auf den Boden einer Lasagneform (ca. 30 x 22 cm) geben. Eine Schicht Lasagneblätter und dann eine Schicht Spinat-Ricotta daraufgeben. Diese Schichtung wiederholen, bis Lasagneblätter und Füllung aufgebraucht sind. Die Lasagne im vorgeheizten Backofen ca. 20–25 Minuten backen. 10 Minuten vor Ende der Backzeit eine gute Schicht geriebenen Parmesan daraufgeben und die Lasagne backen, bis der Käse geschmolzen ist. Aus dem Ofen nehmen und vor dem Servieren ca. 5 Minuten ruhen lassen.

Die Lasagne mit einem grünen Salat und evtl. Brot servieren.

Geben Sie immer ein bisschen Füllung auf den Boden einer Lasagneform, bevor die Blätter darauf gelegt werden. So muss man die Form nicht einfetten und die Lasagne setzt nicht am Boden an.

TAG 1: RATATOUILLE MIT LAMMKOTELETTS

TAG 2: GEMÜSELASAGNE

Gebackener Kürbis mit Pestofisch und Spinatsalat

Kürbis ist unglaublich einfach zuzubereiten, und deshalb ist es besonders praktisch, eine extra große Portion zu machen, sodass etwas für den Tag danach übrig bleibt.

1–2 Kürbisse, je nach Größe, z.B. Hokkaido, insgesamt ca. 2 kg
2 EL Olivenöl
2 TL Meersalz

Pestofisch
400–600 g weißes Fischfilet, z.B. Scholle
3–4 TL rotes Pesto
2 EL Olivenöl
Salz und Pfeffer
50 ml Weißwein oder Wasser

Salat
200 g frischer Spinat
1 Apfel
50 g Mandeln
50 g getrocknete Cranberrys

Dressing
1 EL Balsamico
3 EL Olivenöl
1 TL Senf
1 TL Akazienhonig

Beilage
Kleine Kartoffeln oder ein gutes Brot

Den Ofen auf 200 °C vorheizen. Den Kürbis waschen, halbieren und entkernen, dann in Spalten schneiden. Die Stücke auf ein Blech mit Backpapier legen. Mit Olivenöl beträufeln und mit Meersalz bestreuen. Die Kürbisstücke ca. 20–30 Minuten im vorgeheizten Backofen rösten, bis sie weich sind. Falls Sie Kartoffeln dazu reichen, legen Sie sie in eine Form und lassen Sie sie mitrösten.

Die Fischfilets nebeneinander in eine große Form legen. Das Pesto in Klecksen über dem Fisch verteilen, die Filets mit Olivenöl beträufeln und mit Salz und Pfeffer würzen. Etwas Weißwein oder Wasser hinzufügen. Den Fisch im Ofen ca. 8–10 Minuten backen.

Währenddessen den Salat zubereiten. Den Spinat abspülen und trockenschleudern. Den Apfel in kleine Würfel schneiden und die Mandeln hacken. Alles in eine Schüssel geben und mit Cranberrys bestreuen. Alle Zutaten für das Dressing verrühren und dieses kurz vor dem Servieren darübergießen.

Die Hälfte der Kürbisstücke für den nächsten Tag beiseitestellen und die übrigen zusammen mit Fisch, Salat und Kartoffeln oder Brot servieren. Man kann die Kürbisschale gut essen, aber wenn Sie sie nicht mögen, können Sie sie auch wegschneiden.

Kürbissuppe

Eine blitzschnelle Suppe, wenn der Kürbis schon gebacken ist!

Gebackener Kürbis vom Vortag, ca. 1 kg
1 Knoblauchzehe
2 Schalotten
1 Stück Ingwer, ca. 2 cm
1 EL Olivenöl
1,2 l Hühnerbrühe
Salz und Pfeffer
200–300 g Crème fraîche oder griechischer Joghurt

Die Schale des gerösteten Kürbisses entfernen. Sie können sie auch dranlassen, aber dann wird die Suppe gröber in der Konsistenz. Den Knoblauch schälen und leicht zerdrücken. Die Schalotten schälen und grob hacken. Den Ingwer schälen und in dünne Scheiben schneiden.

Das Öl in einem Topf erhitzen und die Zwiebeln darin bei mittlerer Hitze dünsten. Nach ein paar Minuten den Knoblauch und dann Kürbis und Ingwer hinzufügen. Die Hühnerbrühe zugießen und alles ca. 10 Minuten leicht köcheln lassen. Die Suppe pürieren und mit Salz und Pfeffer abschmecken.

Die Suppe mit Crème fraîche oder griechischem Joghurt, frisch gemahlenem Pfeffer und nach Belieben mit einem guten Stück Brot servieren. Falls vom Vortag Fisch übrig ist, kann man ihn auch gut dazu servieren.

Sie können die Suppe noch gehaltvoller und aromatischer machen, indem Sie gekochtes Hühnchen hinzufügen oder ein Topping aus gebratenen Pilzen und Schinkenspeck machen. Geben Sie dann keinen Ingwer in die Suppe und bestreuen Sie sie stattdessen mit frischen Thymian.

Reste von Crème fraîche oder Joghurt sind eine gute Basis für einen leckeren Frühstückssalat oder eine schnelle Vorspeise. Zerdrücken Sie z.B. Fischreste mit Crème fraîche, Apfelwürfeln, Zitronensaft, Salz und Pfeffer. Auf geröstetem Brot servieren oder auf Roggenbrot mit einer Avocado zum Frühstück genießen.

Apfel-Zwiebel-Kompott mit Bratwurstschnecke und Pastinakenmus

Äpfel und Zwiebeln sind zwei der beliebtesten Sorten in der Obst- und Gemüseabteilung. Und zusammen schmecken sie himmlisch.

1 Bratwurstschnecke (besonders authentisch dänisch, wenn Sie Medister bekommen können)
50 g Butter zum Braten (oder Öl)
5 Zwiebeln
2 EL Olivenöl
5 Äpfel
Blätter von ein paar frischen Rosmarinzweigen
Salz und Pfeffer
1 TL Zucker

Pastinakenmus
600 g mehlig kochende Kartoffeln
3 Pastinaken
50 g Butter
150 ml Milch
Salz und Pfeffer

Die Bratwurstschnecke bei gleichmäßiger Hitze in einer Pfanne in der Butter braten – auf jeder Seite ca. 10–15 Minuten, falls sie vorgekocht ist. Die Bratzeit kann variieren, also schneiden Sie vor dem Servieren evtl. ein Stück ab und prüfen Sie, ob es durchgebraten ist.

Kartoffeln und Pastinaken schälen und klein schneiden. In einem Topf mit Wasser ca. 20 Minuten kochen. Das Kochwasser in eine Schüssel abgießen. Kartoffeln und Pastinaken mit der Butter und etwas Kochwasser stampfen. Milch hinzufügen und das Mus mit Salz und Pfeffer abschmecken.

Die Zwiebeln schälen und in Ringe schneiden. In einer anderen Pfanne Öl erhitzen und die Zwiebeln bei mittlerer Hitze braten, bis sie weich und leicht karamellisiert sind. Die Äpfel in feine Spalten schneiden. Den Rosmarin leicht hacken. Äpfel und Rosmarin in die Pfanne geben und ca. 3–4 Minuten braten, bis die Äpfel gerade weich werden, aber nicht zerfallen. Mit Salz, Pfeffer und evtl. Zucker abschmecken. Die Hälfte beiseitestellen und für den nächsten Tag aufbewahren.

Die Bratwurstschnecke mit Apfel-Zwiebel-Kompott und Pastinakenmus servieren.

Französische Zwiebelpizza

Eine Variante der bekannten Pissaladière, der südfranzösischen Antwort auf Pizza mit Sardellen und Oliven.

1 fertiger Pizzateig oder:
25 g Hefe
300 ml lauwarmes Wasser
2 EL Öl
2 TL Meersalz
100 g weißes Weizen- oder Vollkornmehl
300–350 g Weizenmehl

Belag
Apfel-Zwiebel-Kompott vom Vortag
45 g Sardellen oder Parmaschinken
100 g kleine schwarze Niçoise-Oliven
1 Rolle Ziegencamembert, in Scheiben

Beilage
Grüner Salat

Die Hefe im Wasser auflösen, Öl und Salz hinzufügen. Nach und nach unter Rühren das Mehl dazugeben. Den Teig von Hand oder in der Küchenmaschine geschmeidig kneten. Den Teig 1 Stunde gehen lassen, dann zu einem Fladen ausrollen. Evtl. in kleinere Stücke teilen und jedes Stück zu einem dünnen Boden rollen. Den Backofen auf 250 °C vorheizen.

Das Apfel-Zwiebel-Kompott auf dem Teig verteilen. Sardellen (Parmaschinken sollte erst darauf gelegt werden, wenn die Pizza aus dem Ofen genommen wurde), Oliven und Ziegenkäse gleichmäßig verteilen. Die Pizza im vorgeheizten Backofen auf einem Pizzastein oder einem vorgeheizten Backblech ca. 10 Minuten backen, bis der Teig knusprig ist und der Käse Blasen wirft. In kleinere Stücke schneiden und sofort essen.

Mit einem grünen Salat servieren.

Wenn Sie Sardellen und Oliven übrig haben, brauchen Sie nur noch eine Dose Thunfisch, dann haben Sie eine gute Basis für einen Salat Niçoise (Rezept siehe Seite 88).

Kleine Kartoffeln mit Erbsenpüree und Seelachs

Ein einfaches und leichtes Abendessen, bei dem Sie eine Extraportion Kartoffeln kochen, damit etwas für den nächsten Tag übrig bleibt.

2 kg kleine Kartoffeln
2 EL Salz
Frischer Liebstöckel
Evtl. 1 EL Koriandersamen
½ Zitrone
800 g Seelachs
Salz und Pfeffer
Butter zum Servieren

Erbsenpüree
350 g Erbsen
1 EL Minze
Saft von ½ Zitrone
50 g Frischkäse oder Crème fraîche
½ TL Salz
½ TL frisch gemahlener weißer Pfeffer

Die Kartoffeln waschen und mit Wasser, Salz, Liebstöckel und evtl. Koriandersamen in einen Topf geben. Aufkochen lassen und dann die Platte ausschalten. Die Kartoffeln ca. 15 Minuten ziehen lassen. Mit einem Messer prüfen, ob sie gar sind. Das Wasser abgießen und ungefähr die Hälfte für den nächsten Tag beiseitelegen.

Den Backofen auf 180 °C vorheizen. Die Zitrone waschen und in Scheiben schneiden. Den Fisch portionieren und in eine Form legen. Mit Salz und Pfeffer bestreuen und mit den Zitronenscheiben belegen. Den Fisch im vorgeheizten Backofen ca. 10 Minuten garen, bis das Fleisch fest und weiß ist.

Die Erbsen in einem Topf mit Wasser ca. 1 Minute kochen. Das Wasser abgießen, aber 200 ml aufsparen. Die Erbsen mit 100 ml Kochwasser, Minze, Zitronensaft und Frischkäse pürieren. Evtl. mehr Kochwasser hinzufügen, bis das Püree die richtige Konsistenz hat. Mit Salz und weißem Pfeffer abschmecken.

Den Seelachs mit Erbsenpüree und kleinen Kartoffeln mit Butter servieren.

Süßsaurer Kartoffelsalat mit Liebstöckel und Würsten

Dieses Gericht gehört zu meinen absoluten Sommerfavoriten. Besonders an einem Tag mit normalem dänischen Sommerwetter, das heißt grau, windig und kalt.

2 rote Zwiebeln
1 EL Butter
3 EL Essig, gerne Kräuteressig (siehe Seite 169)
2 EL Zucker
4 EL Schlagsahne
1 kg gekochte kalte Kartoffeln vom Vortag
1 TL Salz und frisch gemahlener Pfeffer
Evtl. 1 EL Zitronensaft
4 Bratwürste
1 großes Bund Liebstöckel

Die Zwiebeln schälen und in Ringe schneiden. Die Butter in einem weiten Topf schmelzen. Die Zwiebeln bei mittlerer Hitze weich dünsten. Essig, Zucker und Sahne in einer Schüssel verrühren, bis der Zucker sich aufgelöst hat. Abschmecken; es soll eine gute Balance zwischen Süßem und Säuerlichem herrschen. Die Sahne-Essig-Zuckermischung zu den weichen Zwiebelringen geben.

Die Kartoffeln in Scheiben schneiden. Die Temperatur erhöhen und die Kartoffelscheiben hinzufügen. Den Kartoffelsalat gut durchwärmen und mit Salz und frisch gemahlenem Pfeffer abschmecken. Falls Säure fehlt, kann etwas Zitronensaft oder mehr Essig dazugegeben werden. Die Würste braten oder grillen, bis sie braun und knackig sind.

Den Kartoffelsalat mit einer guten Handvoll grob gehacktem frischen Liebstöckel und frisch gemahlenem Pfeffer zusammen mit den Würsten servieren.

Sahne ist nicht besonders lange haltbar, verwenden Sie also den verbleibenden Rest, um Ihre Familie und sich selbst mit frischen Himbeeren oder Erdbeeren mit ein wenig Zucker und frischer Schlagsahne zu verwöhnen. Oder Sie frieren sie in einem Eiswürfelbeutel ein – das ist praktisch, wenn Sie das nächste Mal Sahne für eine Sauce brauchen.

TAG 1: KLEINE KARTOFFELN MIT ERBSENPÜREE UND SEELACHS

Liebstöckel war lange etwas vernachlässigt, seine Popularität ist aber wieder auf dem Vormarsch, und ich habe ihn im Sommer immer auf dem Balkon. Wenn Sie keinen Liebstöckel haben, können auch andere Kräuter wie Petersilie, Schnittlauch oder Bärlauch verwendet werden, aber Liebstöckel passt einfach optimal.

TAG 2: SÜSSSAURER KARTOFFELSALAT MIT LIEBSTÖCKEL UND WÜRSTEN

TAG 1:

Geröstete Rote Bete

Wenn Sie schon einmal dabei sind, Rote Bete zu schälen, dann machen Sie doch gleich eine große Portion. Rote Bete ist praktisch, preisgünstig und gesund.

2 kg Rote Bete
Schale und Saft von 1 Zitrone
50 ml Balsamico
50 ml Olivenöl
25 ml flüssiger Honig
Salz und Pfeffer
50 g Ziegenfrischkäse
Blätter von 5 Stängeln Thymian

Den Ofen auf 200 °C vorheizen. Die Roten Beten schälen und in ca. 2 x 2 cm große Würfel schneiden. Je kleiner die Würfel sind, desto kürzer ist die Backzeit. In einen großen, mit Backpapier ausgekleideten Bräter geben, sodass sie in einer Schicht liegen. Den Zitronensaft mit Balsamico, Olivenöl und Honig vermischen. Die Mischung über die Roten Beten verteilen. Mit Salz und Pfeffer würzen und das Gemüse im vorgeheizten Backofen ca. 35 Minuten rösten.

Die Roten Beten herausnehmen und etwas weniger als die Hälfte für den nächsten Tag beiseitestellen. Die gebackenen Roten Beten in eine Schüssel geben, den Ziegenkäse in kleineren Stücken darüber verteilen und mit Zitronenschale und frischem Thymian bestreuen.

Zu Hühnchen (siehe Seite 23), Frikadellen (siehe Seite 61) oder einem Rinderhacksteak servieren.

Die Rote Bete schmeckt auch gut, wenn man sie mit einer Schale Rucolasalat vermischt, bevor man Ziegenkäse, Zitronenschale und Thymian darüberstreut.

Pikante Rote-Bete-Suppe

Wenn Sie die Vorarbeit mit den Roten Beten am Vortag geleistet haben, ist diese warme, nahrhafte und wohlschmeckende Suppe im Handumdrehen gemacht!

1 Zwiebel
2 Knoblauchzehen
1 EL Olivenöl
2 TL Kreuzkümmel
1 große Kartoffel
½ TL Chiliflocken
Geröstete Rote Bete vom Vortag, ca. 800 g
1,2 l Hühnerbrühe
Salz und Pfeffer
1 EL Apfelessig

Topping
1 säuerlicher Apfel
200 g Crème fraîche
Saft von ½ Zitrone
Evtl. Schnittlauch zum Bestreuen

Beilage
Brot und evtl. ein Stück gebackener Fisch oder Hühnchen

Zwiebel und Knoblauch schälen, hacken und in einem Topf in Olivenöl sautieren, bis die Zwiebeln glasig sind. Den Kreuzkümmel in einer trockenen Pfanne rösten und in einem Mörser zerstoßen.

Die Kartoffel schälen und in kleinere Stücke schneiden. Kreuzkümmel, Chiliflocken und Kartoffelstücke in den Topf geben und ein paar Minuten mit den Zwiebeln braten. Rote-Bete-Würfel und Brühe hinzufügen und die Suppe ca. 20 Minuten kochen lassen, bis das Gemüse ganz weich ist. Die Suppe pürieren und mit Salz, Pfeffer und Apfelessig abschmecken.

Den Apfel in kleinere Würfel schneiden. Crème fraîche, Apfelwürfel und Zitronensaft vermischen. Die Suppe in Schüsseln verteilen und mit dem Topping servieren. Evtl. mit Schnittlauch bestreuen.

Mit einem guten Brot und evtl. einem Stück gebackenem Fisch oder Hühnchen servieren, falls Sie ein sättigenderes Gericht wünschen.

Wenn Sie die doppelte Portion Frikadellen machen, können Sie sie am folgenden Tag mit Krautsalat servieren.

Marinierter Weißkohl mit Zitronen, Kapern und Oliven

Beim Schneiden von Kohl sollte man das richtige Werkzeug verwenden, sonst ist es eine sehr mühsame Angelegenheit. Legen Sie sich dafür einen Gemüsehobel oder eine Küchenmaschine zu.

½–1 Weißkohlkopf, insgesamt ca. 1,2 kg
10 schwarze Oliven
2 EL Kapern
100 g Parmesan
1 gute Handvoll glatte Petersilie

Dressing
Saft von 1 Zitrone
2 EL Olivenöl
Salz und Pfeffer

Den Weißkohl mit einem Gemüsehobel oder in einer Küchenmaschine so fein wie möglich schneiden. Die Hälfte für den nächsten Tag in einer Schüssel mit dicht schließendem Deckel beiseitestellen. Evtl. mit etwas Zitronensaft vermischen, damit er nicht braun wird. Die andere Hälfte mit kochendem Wasser übergießen und ca. 1–2 Minuten ziehen lassen, bis er weich ist, aber immer noch Biss hat. In einem Sieb gut abtropfen lassen.

Zitronensaft, Öl, Salz und Pfeffer vermischen und das Dressing über die Weißkohlstreifen gießen. Die Oliven entsteinen und in kleinere Stücke schneiden. Die Kapern hacken und mit den Olivenstücken unter den marinierten Weißkohl mischen.

Mit gehobeltem Parmesan und gehackter Petersilie bestreuen und zu Hühnchen, Kotelett oder Frikadellen servieren.
Das Frikadellenrezept ist ein Klassiker aus der Küche meiner Mutter.

Frikadellen
1 mittelgroße Zwiebel
500 g Schweinehackfleisch
1 Ei
3 EL Mehl
100–150 ml Milch
2 TL Salz
1 TL Pfeffer
Butter zum Braten

Die Zwiebel schälen und sehr fein hacken. Evtl. einen Minihacker verwenden, sodass die Zwiebel fast püriert wird. Ein bisschen von der Milch in den Hacker gießen – dann ist es einfacher, die Zwiebel herauszubekommen. Alle Zutaten in der angegebenen Reihenfolge vermischen. Die Masse ½ Stunde ruhen lassen. Frikadellen formen. Die Butter in einer Pfanne bei mittlerer Hitze auslassen und die Frikadellen darin braten, bis sie durch und auf beiden Seiten schön goldbraun sind.

Krautsalat mit schwarzem Sesam

Mit geschnittenem Kohl im Kühlschrank ist der Krautsalat in Rekordzeit gemacht.

2 Karotten
½ in Streifen geschnittener Weißkohlkopf vom Vortag
1 EL schwarze Sesamsamen

Dressing
150 g Frischkäse oder Quark
1 TL Dijonsenf
1 TL Rohrzucker
Saft von ½ Zitrone
Salz und Pfeffer

Alle Zutaten für das Dressing verrühren und nochmals mit Salz und Pfeffer abschmecken. Die Karotten schälen und in feine Streifen schneiden. Zusammen mit den Weißkohlstreifen in eine Schüssel geben und das Dressing darübergießen. Gut umrühren und mit den Sesamsamen bestreuen.

Zu jeder Art von Fleisch servieren. Es schmeckt fantastisch zu Spareribs, passt aber auch gut zu beispielsweise Hühnchen.

Sie können dem Kohl einen milderen Geschmack geben, indem Sie den geriebenen Kohl mit ½ Teelöffel feinem Salz vermischen und stehen lassen, bis er leicht zusammenfällt. Das dauert ca. 10 Minuten. Überschüssige Flüssigkeit abgießen und den Kohl mit den übrigen Zutaten vermischen.

Fisch

Gebratener Lachs mit Bohnen-Blumenkohl-Salat

Fisch ist sehr einfach zuzubereiten, und dieses Gericht mache ich an Tagen, an denen es besonders schnell gehen muss.

800–1000 g Lachsfilet, in Portionsstücke geschnitten
1 TL Meersalz und frisch gemahlener Pfeffer
1 EL Olivenöl

Bohnen-Blumenkohl-Salat
300 g grüne Bohnen (frisch oder tiefgefroren)
1 kleiner Blumenkohl
2–3 EL grünes Pesto
1 kleine Handvoll gesalzene Mandeln

Beilage
Kartoffeln oder Brot

Die Lachsfilets mit Salz und Pfeffer würzen und in einer heißen, trockenen Pfanne mit der Hautseite nach unten 2–3 Minuten braten. Das Olivenöl in die Pfanne geben, den Fisch wenden und auf der anderen Seite fertigbraten.

Die Bohnen putzen und in Wasser in ca. 5 Minuten bissfest kochen. Mit kaltem Wasser abschrecken und in kleinere Stücke schneiden. Tiefgefrorene Bohnen nur ca. 2 Minuten kochen.

Den Blumenkohl ein paar Minuten dämpfen, sodass er immer noch Biss hat. In Röschen zerteilen und mit Bohnen und Pesto vermischen. Die Mandeln hacken und darüberstreuen.

Ein Drittel des Lachses für den nächsten Tag abzweigen.

Den gebratenen Lachs mit Bohnensalat und Kartoffeln oder Brot servieren.

Reste von Fisch schmecken auch zum Frühstück gut. Mit Crème fraîche oder Mayonnaise verrühren und mit Zitronen, Kapern und gehackten Kräutern, z.B. Schnittlauch, abschmecken.

Omelette mit Spinat und Lachs

Ein sehr sättigendes Abendessen, das sowohl gesund als auch superlecker ist.

6 Eier
150 ml Milch, am besten Vollmilch
1 TL Salz und etwas frisch gemahlener Pfeffer
200 g frischer Spinat
1 EL Olivenöl
½ Schale Kirschtomaten
Lachs vom Vortag

Beilage
Tomatensalat oder grüner Salat

Die Eier mit Milch, Salz und Pfeffer verquirlen. Den Spinat abspülen und trockentupfen. Das Olivenöl in einer Pfanne erhitzen und den Spinat sautieren, bis er leicht zusammenfällt. Die Tomaten vierteln, in die Pfanne geben, ein paar Minuten braten und dann die Eiermasse darübergießen. Den Lachs vom Vortag in kleine Stücke teilen und dazugeben. Das Omelette ca. 15 Minuten bei schwacher Hitze braten, bis es sich an den Seiten gesetzt hat.

Das Omelette mit Tomatensalat oder grünem Salat servieren.

Sie können auch wunderbar anderes Gemüse für das Omelette verwenden – z.B. Paprika, Lauch, Karotten oder anderes.

Dorsch mit Topinambur und knusprigem Brot

In diesem Rezept meines Mannes bekommt der feine Dorsch ein gutes Gegengewicht durch den salzigen Schinkenspeck und die säuerlichen Äpfel.

500 g Topinambur
½ Sellerieknolle
2 Äpfel
800–1000 g frischer Dorsch
2 EL Olivenöl zum Einfetten der Form
2 TL Meersalz
Frisch gemahlener Pfeffer
150 g Schinkenspeck
2–3 Scheiben Roggenbrot

Den Backofen auf 200 °C vorheizen. Topinambur, Sellerie und Äpfel schälen. In feine, gleichmäßige Würfel von ca. 1 × 1 cm Größe schneiden und zusammen mit etwas Wasser in einer Form im vorgeheizten Backofen ca. 20 Minuten backen – je kleiner die Würfel, desto kürzer die Backzeit.

Den Dorsch filetieren, in eine gefettete Auflaufform geben und mit Salz und Pfeffer würzen. Die Backofentemperatur auf 120 °C zurückdrehen. Den Dorsch ca. 20 Minuten backen. Das Fischfleisch sollte ganz weiß sein und sich in Lamellen teilen. Ca. die Hälfte des Dorsches für den nächsten Tag beiseitelegen.

Den Schinkenspeck in kleinere Stücke schneiden (0,5–1 cm) und in einer heißen, trockenen Pfanne rösten. Auf Küchenpapier abtropfen lassen. Das Roggenbrot in gleichmäßige Würfel schneiden und in der Pfanne knusprig braten. Evtl. Olivenöl zufügen. Den knusprigen Schinkenspeck und die Brotwürfel über den Dorsch und das Gemüse streuen und evtl. mit Kartoffeln servieren.

Brandade

Ursprünglich ist Brandade ein provenzalisches Ofengericht mit Stockfisch, aber Reste von Dorsch oder anderem weißen Fisch können auch gut verwendet werden.

600 g große Kartoffeln
2 Knoblauchzehen
1 gute Handvoll Petersilie oder Rucola
200 g Crème fraîche
1 TL Salz
Weißer Pfeffer
Dorsch vom Vortag
2 EL Olivenöl zum Einfetten der Form
50 g Gruyère oder anderer Käse zum Gratinieren

Beilage
Grüner Salat

Die Kartoffeln schälen, in kleinere Stücke schneiden und ca. 15–20 Minuten kochen. In einem Sieb abtropfen lassen.

Den Backofen auf 200 °C vorheizen. Den Knoblauch schälen und fein hacken. Die Petersilie oder den Rucola waschen, trocknen und ganz fein hacken. Die Kartoffeln stampfen und mit Crème fraîche, Knoblauch und Petersilie vermischen. Mit Salz und Pfeffer abschmecken.

Den Dorsch in kleinere Stücke teilen und unter das Kartoffelpüree heben. Die Mischung in eine gefettete Auflaufform geben und den Käse darüberreiben. Im vorgeheizten Backofen in ca. 20 Minuten goldbraun backen.

Das Brandade mit einem einfachen grünen Salat mit etwas Olivenöl-Balsamico-Dressing servieren (3 Esslöffel Olivenöl mit 1 Esslöffel Balsamicoessig vermischt).

TAG 1:

Schellfisch mit Kapern-Tomaten-Sauce

Das feine weiße Fleisch des Schellfisches verbindet sich hier wunderbar mit einer intensiven Tomatensauce.

2 Zwiebeln
1 EL Olivenöl
1 Glas Sardellen
500 g Kirschtomaten (oder 2 Dosen gehackte Tomaten)
2 EL Kapern
½ Glas schwarze Oliven, ca. 70–100 g
2 TL Salz
Frisch gemahlener Pfeffer
800–1000 g Schellfisch oder anderer weißer Fisch
2 EL Olivenöl

Beilage
Kartoffeln oder Brot

Die Zwiebeln schälen und fein hacken. Das Olivenöl in einem Topf erhitzen und die Zwiebeln sautieren, bis sie weich werden. Die Sardellen dazugeben und ca. 2 Minuten braten, bis sie ganz zerfallen sind. Die Tomaten hinzufügen (ggf. etwas Wasser zufügen, falls frische Tomaten verwendet werden) und die Sauce bei schwacher Hitze ca. 15–20 Minuten köcheln lassen, bis sie einen guten, intensiven Geschmack hat. Evtl. den Deckel abnehmen und die Sauce etwas einkochen lassen. Kapern und Oliven hacken und hinzufügen. Mit 1 Teelöffel Salz und Pfeffer abschmecken.

Den Ofen auf 180 °C vorheizen. Den Fisch mit der Hautseite nach oben auf ein Blech mit Backpapier legen. Mit Olivenöl beträufeln und mit 1 Teelöffel Salz und Pfeffer würzen. Den Fisch im Ofen ca. 8 Minuten backen. Der Fisch ist fertig, wenn die Haut sich leicht löst und das Fleisch weiß und fest ist. Etwas weniger als die Hälfte des Fisches für den nächsten Tag beiseitestellen. Auch überschüssige Sauce für den nächsten Tag aufsparen.

Den Fisch mit Tomatensauce und Kartoffeln oder Brot servieren.

TAG 2:

Pasta puttanesca

Pasta puttanesca heißt frei übersetzt Pasta der Prostituierten – aber lassen Sie sich nicht vom Namen abschrecken – das Gericht schmeckt ausgezeichnet. Das ursprüngliche Rezept enthält keinen Fisch, aber in meiner Version werden alle Reste verbraucht!

400 g Spaghetti oder Linguine
Fisch und Tomatensauce vom Vortag
½ Bund glatte Petersilie
Evtl. schwarze Oliven als Dekoration

Die Pasta nach Packungsanweisung kochen. Den Fisch vom Vortag in Stücke teilen und zusammen mit der Tomatensauce aufwärmen. Die Pasta in einem Sieb abtropfen lassen und in eine Schüssel geben. Sauce und Fisch über der Pasta verteilen. Mit gehackter Petersilie bestreuen und evtl. mit weiteren gehackten Oliven bestreuen, falls vom Vortag welche übrig sind.

TAG 1: SCHELLFISCH MIT KAPERN-TOMATEN-SAUCE

TAG 2: PASTA PUTTANESCA

Stjerneskud (Sternschnuppe) mit Krabben

Dieses Sandwich ist ein unübertroffenes Gericht, wenn es von Grund auf richtig gemacht wird.

1 kg ungeschälte Krabben
4 Schollenfilets à ca. 100 g
1 Ei
100 g Semmelbrösel
1 TL Salz
Frisch gemahlener Pfeffer
25 g Butter
2 EL Olivenöl
250 g grüner Spargel
4 Scheiben Toastbrot oder anderes helles Brot
1 Zitrone

Dressing
100 g Mayonnaise, gekauft oder selbstgemacht, siehe Seite 162
1 EL Tomatenmark
1 TL Sherry oder Sherryessig
10 Tropfen Tabasco
½ TL süße Chilisauce
½ TL Salz
Frisch gemahlener weißer Pfeffer
Evtl. 1 EL Zitronensaft

Die Krabben schälen, aber die Schalen für die Bisque am nächsten Tag aufbewahren. Das Krabbenfleisch in eine Schüssel geben und kalt stellen. Dann die Fischfilets zubereiten. Das Ei in einen tiefen Teller schlagen und mit einer Gabel verquirlen. Die Semmelbrösel in einen anderen tiefen Teller geben und mit Salz und Pfeffer vermischen. Jedes Schollenfilet zuerst im verquirlten Ei und dann in den Semmelbröseln wenden. Die Butter in einer Pfanne schmelzen, Olivenöl hinzufügen und die Schollenfilets bei mittlerer Hitze auf jeder Seite in ein paar Minuten knusprig braten.

Den Spargel abspülen und die Enden entfernen. Den Spargel in leicht gesalzenem Wasser 2 Minuten kochen und danach in kaltes Wasser geben. Abtropfen lassen.

Mayonnaise, Tomatenmark, Sherry, Tabasco und Chilisauce zu einem Dressing verrühren. Mit Salz und Pfeffer und evtl. Zitronensaft abschmecken.

Das Brot rösten. Ein Fischfilet auf jede Brotscheibe legen, einen ordentlichen Löffel Dressing und dann Krabben und Spargel daraufgeben. Wenn Spargel gerade keine Saison hat, kann man stattdessen Dill verwenden. Die Zitrone in Spalten schneiden und dazu servieren. Falls Krabben übrigbleiben, können sie am nächsten Tag für die Suppe verwendet werden.

Krabben-Bisque

Krabbenschalen können in die herrlichste Suppe verwandelt werden. Schmecken Sie selbst!

1 EL Olivenöl
Schalen von 1 kg Krabben
50 ml Cognac nach Belieben
2 Karotten
1 Stange Lauch
1 Stange Staudensellerie
1 Zwiebel
10 Pfefferkörner
3 EL Tomatenmark
200 ml Weißwein
1 l Wasser oder Fischbrühe
200 g Sahne
Salz und Pfeffer
Etwas Zitronensaft

Beilage
Brot und evtl. ein Stück pochierter weißer Fisch

Das Olivenöl in einem Topf erhitzen. Die Krabbenschalen darin ein paar Minuten sautieren. Falls gewünscht, den Cognac hineingießen und die Schalen flambieren.

Die Karotten schälen und in kleinere Würfel schneiden. Lauch und Sellerie putzen und in Ringe schneiden. Die Zwiebel schälen und fein hacken. Alles Gemüse mit in den Topf geben und braten, bis es weich ist. Pfefferkörner, Tomatenmark, Weißwein und Wasser oder Fischbrühe in den Topf geben. Aufkochen und die Suppe ca. 30 Minuten köcheln lassen.

Die Platte ausschalten und die Suppe ca. 10 Minuten ziehen lassen. Die Suppe durch ein Sieb in einen sauberen Topf gießen und aufkochen. Etwas einkochen lassen. Die Sahne hinzufügen und die Suppe mit Salz, Pfeffer und Zitronensaft abschmecken.

Mit einem guten Stück Brot und evtl. einem Stück pochiertem weißen Fisch essen, wenn Sie eine nahrhaftere Suppe wollen.

TAG 1: STJERNESKUD (STERNSCHNUPPE) MIT KRABBEN

TAG 2: KRABBEN-BISQUE

TAG 1:

Fischspieß mit Spitzkohlsalat

Gesund und zugleich einfach!

400 g Schellfischfilet
400 g Lachsfilet
Schale von 1 Zitrone und Saft von ½ Zitrone
Salz und Pfeffer
1 kleiner Spitzkohl
½ Bund Radieschen

Dressing
1 EL Apfelessig
1 TL Zucker
2 EL Frischkäse
Salz und Pfeffer
1 Bund Dill, gehackt

Beilage
Kartoffeln

Den Backofen auf 120 °C vorheizen. Die Fischfilets in mundgerechte Stücke schneiden, auf Holzgrillspieße (zuvor in Wasser eingeweicht, damit sie nicht verbrennen) stecken und auf ein Backblech legen. Die Zitronenschale darüberstreuen, mit Salz und Pfeffer würzen. Die Spieße im vorgeheizten Backofen ca. 10 Minuten backen, bis der Fisch gar ist.

Den Spitzkohl in feine Streifen schneiden. Die Radieschen putzen, in Scheiben schneiden und mit dem Kohl vermischen. Apfelessig, Zucker, Frischkäse, Zitronensaft, Salz und Pfeffer zu einem Dressing verrühren. Gut mit dem Salat vermischen und den Dill darüberstreuen.

Ca. die Hälfte der Fischspieße für den nächsten Tag beiseitestellen und die übrigen mit dem Salat servieren.

Die Fischspieße schmecken im Sommer auch gut vom Grill. Wenn Sie das Gericht im Herbst oder Winter machen, servieren Sie stattdessen Weißkohlsalat dazu **(siehe Seite 61).**

Thai-Fischsuppe

Eine würzige und sättigende Suppe mit den typischen Aromen der Thai-Küche: Ingwer, Zitronengras, Kokosmilch und Chili.

1 große oder 2 kleine Frühlingszwiebeln
1 EL Olivenöl zum Braten
1 Zwiebel
2 Knoblauchzehen
1 Stück Ingwer (ca. 5 cm)
1 Stängel Zitronengras
1–2 Karotten
1 l Fischfond
1 Dose Kokosmilch
Salz und weißer Pfeffer
Saft von 1 Limette (oder 1 Zitrone)
300 g Nudeln
Fischspieße vom Vortag

Zum Bestreuen
1 frische rote Chili
Evtl. Koriander

Das Grün der Frühlingszwiebeln für die Dekoration abschneiden. Die Frühlingszwiebeln putzen, schneiden und in einem weiten Topf im Olivenöl anbraten.

Zwiebel und Knoblauch schälen und mittelfein hacken. Den Ingwer schälen, Ingwer und Zitronengras in kleinere Stücke schneiden. Die Karotten schälen, in feine Streifen schneiden und alles in den Topf geben. Ein paar Minuten braten. Den Fischfond zugießen und aufkochen. Kokosmilch hinzufügen und erneut aufkochen. Mit Salz, Pfeffer und Limetten- oder Zitronensaft abschmecken.

Die Nudeln in die Suppe geben und nach Packungsanweisung kochen. Die Fischstücke von den Spießen in tiefe Teller verteilen und Nudeln und Suppe dazugeben.

Die Suppe mit fein gehacktem Frühlingszwiebelgrün, etwas frisch gehackter roter Chili und evtl. Koriander bestreuen.

Ein guter Fischfond ist für den Erfolg dieser Suppe ausschlaggebend. Die Frühlingszwiebeln können Sie durch eine halbe Stange Lauch ersetzen.

Thunfisch mit Paprikasauce

Luxus aus dem Meer in herrlicher Vereinigung mit einer leckeren, aromatischen Sauce.

6 Thunfischsteaks, ca. 600–800 g
3 EL Olivenöl
Salz und Pfeffer
Schale von 1 Zitrone

Paprikasauce
1 rote Paprika
1 grüne Paprika
Etwas Butter zum Sautieren
100 ml Weißwein
100 ml Fischbrühe
50 g kalte Butter
Salz und Pfeffer
Evtl. Balsamico
1 Bund Koriander, gehackt

Beilage
Kartoffeln oder Nudeln

Für die Sauce die Paprikaschoten von Kernen befreien und in möglichst kleine Würfel schneiden. In einer Kasserolle in der Butter sautieren, bis sie weich werden. Weißwein und Fischbrühe hinzufügen und etwas einkochen lassen. Die Butter in kleinere Würfel schneiden. Die Hitze reduzieren und die Butter dazugeben. Gut schlagen. Die Sauce darf jetzt nicht kochen. Mit Salz, Pfeffer und evtl. Balsamico abschmecken.

Eine Grillpfanne gut erhitzen. Die Thunfischsteaks mit dem Öl bestreichen und mit Salz, Pfeffer und Zitronenschale würzen. Auf jeder Seite ca. 2 Minuten grillen. Sie sollten innen noch rot sein. Wenn Sie sie sehr roh mögen, braten Sie sie auf jeder Seite nur 1 Minute.

Die Thunfischsteaks mit Paprikasauce und reichlich gehacktem Koriander servieren. Ein paar Steaks für den Salat am nächsten Tag beiseitestellen.

Wenn Sie kleine Kartoffeln zu den Thunfischsteaks servieren, können Sie etwas mehr kochen, sodass ca. 300 g für den nächsten Tag übrig bleiben.

TAG 2:

Nizza-Salat

Meine Variante des berühmten Salates, der mit allen Leckereien aus dem Kühlschrank bis ins Unendliche variiert werden kann.

4 Handvoll gemischter Salat
300 g kleine Kartoffeln
4 Eier
500 g grüne Bohnen
1 Schale kleine, süße Tomaten
Thunfischsteaks vom Vortag
ca. 100 g kleine schwarze Oliven mit Stein
10 Sardellen

Vinaigrette
4 EL Öl
1 EL Weißweinessig
1 TL Dijonsenf
1 TL Honig
Salz und Pfeffer

Beilage
Brot

Den Salat abspülen, trocknen und in einer flachen Schüssel anrichten. Die Kartoffeln kochen, falls Sie keine vom Vortag haben, und in Scheiben schneiden, wenn sie abgekühlt sind. Über dem Salat verteilen. Die Eier in ca. 10 Minuten hart kochen. Längs in Scheiben schneiden und über den Salat geben. Die Bohnen waschen und putzen. In Wasser 3 Minuten kochen, abgießen und mit kaltem Wasser abschrecken. In kleinere Stücke schneiden und über den Salat geben. Die Tomaten vierteln und auf den Salat legen. Den Thunfisch in kleinere Stücke schneiden und ebenfalls darauflegen. Zum Schluss mit Oliven und Sardellen dekorieren.

Alle Zutaten für die Vinaigrette vermischen und in einem geschlossenen Behälter schütteln, bis sie eindickt. Das Dressing über den Salat gießen und alles mit frischem Brot servieren.

Fleisch

TAG 1: GRÜNER SCHWEINEBRATEN

TAG 2: SANDWICH MIT SCHWEINEBRATEN UND KRÄUTERMAYONNAISE

TAG 1:

Grüner Schweinebraten

Eine herrliche Kräutermischung verleiht dem klassischen Schweinebraten einen neuen und leichteren Geschmack. Er kann das ganze Jahr über gemacht werden, ist aber im Sommer mit neuen Kartoffeln und knackigem Salat besonders lecker.

1 Knoblauchzehe
1 Handvoll gemischte Kräuter, z.B. Liebstöckel, Petersilie, Schnittlauch und Thymian
1 EL Butter
Schale von ½ Zitrone
1 TL Salz
Frisch gemahlener Pfeffer
1 großer Schweinebraten, ca. 1,5–2 kg
1 Zwiebel
2 Karotten

Sauce
2 EL Mehl oder Maisstärke
100 ml Wasser
100 g Sahne
Salz und frisch gemahlener Pfeffer
1 EL Balsamico

Beilage
Neue gekochte Kartoffeln und Salat

Den Backofen auf 200 °C vorheizen. Den Knoblauch schälen und hacken, die Kräuter fein hacken. Beides mit Butter, Zitronenschale, Salz und Pfeffer vermischen. Für die Kräuter eine Tasche zwischen Schwarte und Fleisch schneiden, aber das Fleisch nicht ganz durchschneiden. Die Kräutermischung hineinschieben und den Braten mit Küchengarn zusammenbinden, sodass er die Form behält. Auf einen Rost legen und im vorgeheizten Backofen ca. 1½ Stunden braten, bis er eine Kerntemperatur von zwischen 65 und 70 °C hat.

Zwiebel und Karotten schälen, in kleinere Stücke schneiden und in einen Bräter geben. Etwa 1 cm Wasser hinzufügen, bis das Gemüse gerade bedeckt ist. Den Bräter genau unter den Braten auf dem Rost stellen. Evtl. mehr Wasser in den Bräter geben, damit Sie eine gute Basis für die Sauce bekommen.

Den Braten herausnehmen und den Jus abseihen. Die Flüssigkeit in einen Topf geben und evtl. etwas einkochen lassen. Es sollten ca. 300–400 ml übrigbleiben. Mehl oder Maisstärke mit dem Wasser verrühren und in die Sauce geben. Aufkochen, bis sie eindickt. Sahne hinzufügen und die Sauce mit Salz, Pfeffer und evtl. Balsamico abschmecken.

Den Braten in Scheiben schneiden und mit gekochten neuen Kartoffeln und einem knackigen Salat servieren. Überschüssigen Braten für den nächsten Tag aufheben.

Sandwich mit Schweinebraten und Kräutermayonnaise

Eine einfache und sättigende Art, den leckeren Schweinebraten auszunutzen und den wohlschmeckenden Kräutern eine neue Verwendung zu geben.

Dressing

1 Handvoll Kräuter, z.B. Liebstöckel, Petersilie, Schnittlauch und Thymian
Schale von 1 Zitrone
200 g Mayonnaise (oder 100 g Mayonnaise und 100 g Crème fraîche)
Evtl. 1 EL Zitronensaft

1 Schale Salat, z.B. Rucola oder Feldsalat
4–6 kleine, aromatische Tomaten
8 Scheiben Sauerteigbrot, siehe Rezept auf Seite 166, 4 Brötchen oder anderes saftiges Brot
4–8 Scheiben Schweinebraten – evtl. mit abgeschnittener Schwarte

Die Kräuter fein hacken und mit der Zitronenschale vermischen. Mayonnaise und evtl. Crème fraîche hinzufügen und zu einem Dressing verrühren. Evtl. mit Zitronensaft abschmecken.

Den Salat waschen und trockenschleudern und die Tomaten in Scheiben schneiden. Die Brotscheiben mit dem Dressing bestreichen und den Salat daraufgeben. Die Schweinebratenscheiben darauflegen, mit Tomaten belegen und das Brot zu einem Sandwich zusammenlegen.

Wenn Sie mehr Grünes zum Essen wollen, servieren Sie einen Salat dazu. Überschüssige Kartoffeln von der gestrigen Mahlzeit sind als Beilage auch lecker.

Rinderbraten mit Kürbismus

Ein Gericht, das sich im Ofen von selbst macht – und deshalb perfekt ist für einen stressigen Tag.

1 große Rinderhüfte, ca. 1,5 kg
½ EL grobes Salz
1 EL Rosenpfeffer
100 ml Wasser
100 ml Rotwein

Kürbismus
1 mittelgroßer Kürbis, ca. 1 kg
2 EL Olivenöl
100 g Parmesan, gerieben
Salz und Pfeffer

Beilage
Salat

Den Backofen auf 225 °C vorheizen. Den Braten einritzen, mit dem Salz bestreuen und die Pfefferkörner gut in den Braten hineindrücken. In einen kleineren Bräter legen und im vorgeheizten Backofen in ca. 15 Minuten leicht bräunen. Die Temperatur auf 180 °C zurückdrehen, das Wasser und den Rotwein hinzufügen und braten lassen, bis der Braten eine Kerntemperatur von 62 °C hat. Das dauert ca. 1–1 ½ Stunden, hängt aber stark von dem Braten ab, den Sie haben. Da die Bratzeit sehr unterschiedlich sein kann, ist ein Bratenthermometer hier wichtig.

Den Kürbis waschen und im Ganzen auf ein Backblech legen. Bei 200 °C 1 Stunde backen (das geht auch wunderbar zusammen mit dem Braten). Herausholen, halbieren und die Kerne entfernen. Evtl. auch die Schale entfernen und dann das Kürbisfleisch mit dem Olivenöl stampfen. Den Parmesan hinzufügen und mit Salz und Pfeffer abschmecken.

Den Braten mit Kürbismus, ein wenig Bratensaft und Salat servieren.

Bevor der überschüssige Braten in den Kühlschrank gestellt wird, den Bratensaft auffangen und in einem eigenen Behälter aufbewahren. Er wird am nächsten Tag verwendet.

Fleisch mit Thunfischsauce

Eine einfache Version des italienischen Klassikers Vitello Tonnato.

1 Dose Thunfisch
50 g Mayonnaise
Saft von ½ Zitrone
Evtl. 1–2 Sardellen
Evtl. 50 ml Bratensaft oder Brühe
Überschüssiger Rinderbraten vom Vortag
3 EL Kapern
1 kleine Handvoll glatte Petersilie, gehackt

Tomatensalat
1 Schalotte
6 große Tomaten

Vinaigrette
2 EL Öl
2 EL Rotweinessig
Salz und Pfeffer

Beilage
Evtl. Brot

Den Thunfisch in einen Mixer geben. Mayonnaise und Zitronensaft hinzufügen und alles zu einer gleichmäßigen Masse mixen. Evtl. Sardellen hinzufügen. Wenn Sie es flüssiger wollen, können Sie den Bratensaft oder etwas Brühe leicht erwärmen und unter Rühren hinzufügen. Die Thunfischmasse sollte am Ende die Konsistenz eines Dressings haben.

Den Rinderbraten in Scheiben schneiden und auf eine Platte legen. Die Thunfischsauce darübergeben und mit gehackter Petersilie und Kapern bestreuen.

Die Schalotte schälen und fein hacken. Die Tomaten in Scheiben schneiden, auf einer Platte arrangieren und mit der Zwiebel bestreuen. Öl und Essig darübergießen und mit Salz und Pfeffer würzen.

Das Gericht evtl. mit Brot oder – wenn Ihre Familie sehr hungrig ist – einer Portion Pasta mit Pesto als zweites Gericht servieren. Dann sind Sie so gut wie in Italien.

Schweinebacken in Portwein

In der kalten Jahreszeit gibt es nichts Besseres als Gerichte, die lange vor sich hin köcheln. Die Schweinebacken werden butterweich und die Sauce intensiv.

3 Knoblauchzehen
3 Zwiebeln
2 Karotten
2 Fenchelknollen
1 Sellerieknolle
8 Schweinebacken
1 EL Olivenöl
1 EL Butter
2 Flaschen Portwein à 33 cl
Brühe oder Wasser
1 TL Salz
Frisch gemahlener Pfeffer
Evtl. 2 EL Mehl
Evtl. 100 ml Wasser

Beilage
Wurzelgemüsemus und eingemachte Beeren, Johannisbeermarmelade oder -gelee

Die Knoblauchzehen leicht zerdrücken und die Schale entfernen. Die Zwiebeln schälen und hacken. Karotten, Fenchel und Sellerie schälen und in kleinere Stücke schneiden.

Das Fleisch von Sehnen befreien. Öl und Butter in einem großen Topf erhitzen. Die Schweinebacken darin bräunen – nicht zu stark. Das Gemüse zufügen und leicht anschwitzen. Portwein und Brühe oder Wasser in den Topf gießen, bis das Fleisch fast bedeckt ist. Sie sollten genug Flüssigkeit für eine Suppe am Folgetag haben. Bei sehr schwacher Hitze ca. 2–3 Stunden köcheln lassen. Dabei mehrmals Fett abschöpfen. Die Backen herausnehmen, die Bouillon durch ein Sieb gießen und mit Salz und Pfeffer abschmecken. Mindestens 1 l für den nächsten Tag beiseitestellen.

Die restliche Bouillon in einen Topf gießen und aufkochen. Wünschen Sie einen intensiveren Geschmack, können Sie sie etwas einkochen lassen und binden. Dafür das Mehl mit dem Wasser verrühren und dazugeben. Die Sauce aufkochen lassen und mit Salz und Pfeffer abschmecken.

Die Schweinebacken mit grobem Pastinakenmus (siehe Seite 49) und eingemachten Beeren, z.B. Preiselbeeren, oder Johannisbeergelee servieren.

Denken Sie daran
Bevor die Bouillon kalt wird, muss sie durch ein Sieb gegossen und der Anteil für die Suppe beiseitegestellt werden.

Das Fleisch wird genauso butterweich, wenn Sie den Topf mit den Schweinebacken in den Ofen stellen und bei 130 °C 5–6 Stunden braten lassen.

Nudelsuppe mit Pilzen, Pak Choi und Ingwer

Hier haben Sie Freude an der Bouillon von gestern, die im Handumdrehen in eine wohlschmeckende Suppe verwandelt werden kann.

250 g gemischte Pilze, z.B. Austernpilze und Shiitake-Pilze
Olivenöl zum Braten
1 Pak Choi oder Spitzkohl
1 Stück Ingwer (5 cm)
1 Stück Chilischote (ca. 1 TL)
Reste der Bouillon
Saft von 2 Limetten
1 EL Fischsauce
300 g Nudeln
Salz
1 Karotte
½ Bund Koriander, gehackt

Die Pilze putzen, in kleinere Stücke schneiden und in einer sehr heißen Pfanne in etwas Öl anbraten. Herausnehmen.

Den Kohl in Streifen schneiden und in einer Sautierpfanne in Olivenöl anschwitzen, bis er leicht zusammenfällt. Den Ingwer schälen und reiben und die Chilischote fein hacken.

Die Bouillon in einem Topf aufkochen und Limettensaft, Fischsauce, Ingwer und Chili dazugeben. Evtl. mit etwas mehr Wasser oder Fond verdünnen, bis Sie insgesamt ca. 1,2 l haben. Die Nudeln hinzufügen und ca. 3–4 Minuten in der Suppe mitkochen lassen, bis sie gar sind. Mit Fischsauce, Salz und Limettensaft abschmecken.

Pilze und Kohl in Servierschüsseln verteilen und die heiße Suppe darübergießen. Die Nudeln in der Suppe verteilen. Die Karotte schälen und in feine Streifen schneiden. Die Suppe mit Karottenstreifen und Koriander bestreuen.

Falls Schweinebacken vom Vortag übrig sind, kann das Fleisch in die Servierschüsseln verteilt werden.

TAG 1: SCHWEINEBACKEN IN PORTWEIN

TAG 2: NUDELSUPPE MIT PILZEN, PAK CHOI UND INGWER

Ossobuco

Eines meiner absoluten Winter-Lieblingsgerichte, bei dem der leckere Geschmack auch am darauffolgenden Tag noch einmal genossen werden kann.

4–6 Kalbsbeinscheiben, insgesamt 800–1000 g
1 EL Olivenöl
1 EL Butter
4 Zwiebeln
2 Knoblauchzehen
150 ml Weißwein
250 g Kirschtomaten
2 Dosen geschälte Tomaten
1 Dose Tomatenmark (140 g)
1 Lorbeerblatt
Ein paar Stängel Petersilie
Wasser oder Brühe
1–2 TL Salz und frisch gemahlener Pfeffer
Evtl. 1 EL Balsamico

Risotto
900 ml Hühnerbrühe
1–2 Schalotten
1 EL Olivenöl
1 EL Butter
340 g Risottoreis
100 ml Weißwein
100 g Parmesan, gerieben

Gremolata
1 Knoblauchzehe
1 Bund Petersilie
Schale von 1 Zitrone

Die Beinscheiben auf der Seite einritzen, Olivenöl und Butter in einem Topf erhitzen und das Fleisch darin gut anbraten. Herausnehmen. Die Zwiebeln schälen, grob hacken und im Topf glasig dünsten. Den Knoblauch schälen, fein hacken und hinzufügen. Das Fleisch zurück in den Topf geben. Weißwein, Tomaten, geschälte Tomaten, Tomatenmark, Lorbeerblatt und Petersilie hinzufügen. Wasser oder Brühe darübergießen, sodass das Fleisch bedeckt ist. Ca. 2–3 Stunden bei schwacher Hitze köcheln lassen. Mit Salz und Pfeffer und evtl. Balsamico abschmecken.

Ca. ½ Stunde vor dem Servieren mit dem Risotto beginnen. Die Brühe in einem Topf erhitzen. Die Schalotten schälen, fein hacken und in einem weiten Topf in Öl und Butter glasig dünsten. Den Reis hinzufügen und ca. 1 Minute mitdünsten. Den Weißwein angießen und einkochen lassen. Die Brühe löffelweise unterrühren, bis der Reis weich ist, aber immer noch Biss hat. Zum Schluss mit geriebenem Parmesan bestreuen und den Deckel schließen.

Den Knoblauch schälen und hacken. Die Petersilie ebenfalls hacken und mit Knoblauch und Zitronenschale vermischen. Das Risotto zusammen mit Beinscheiben und Flüssigkeit in vier tiefen Tellern anrichten. Mit Gremolata bestreuen.

Die Flüssigkeit des Ossobuco und die restliche Gremolata für den Folgetag aufheben. Für die Minestrone Bohnen einweichen.

Sie können die Ossobuco-Stücke vor dem Braten in Mehl wenden. Das ergibt eine dickere Sauce, weil das Mehl als Bindemittel wirkt.

Nahrhafte Minestrone mit grünen Broten

Ein einfaches und praktisches Gericht, das von innen wärmt und hervorragend schmeckt.

200 g weiße Bohnen, eingeweicht, oder 2 Dosen Bohnen
3 Karotten
3–4 Stangen Staudensellerie
Olivenöl zum Anschwitzen
Bouillon vom Vortag

Grüne Brote

Gremolata vom Vortag
2 EL Olivenöl
4 Scheiben Brot

Die eingeweichten Bohnen ca. 30–40 Minuten kochen. Falls Sie Dosenbohnen verwenden, müssen Sie sie nur unter kaltem Wasser abspülen. Die Karotten schälen und in kleinere Würfel schneiden. Die Selleriestangen putzen und in kleinere Stücke schneiden. Karotten und Sellerie in einem großen Topf in etwas Öl anschwitzen. Die Bouillon darübergießen und die Suppe aufkochen. Evtl. mit Wasser oder Bouillon verdünnen, sodass es das Gemüse bedeckt und die Konsistenz einer Suppe bekommt. Es sollten insgesamt 1–1,2 l sein. Die Suppe ca. 5 Minuten kochen lassen.

Etwas Gremolata zur Dekoration beiseitestellen, den Rest mit dem Olivenöl verrühren. Auf Brotscheiben streichen (das Brot kann auch etwas älter sein). Im Ofen knusprig rösten.

Eine gute Handvoll Bohnen in jeden Teller geben. Die heiße Suppe darübergießen. Mit Gremolata bestreuen und mit den knusprigen grünen Broten servieren.

Falls Sie Bohnen und Gremolata übrig haben, können Sie sie mit etwas Kochwasser oder Crème fraîche zu einem leckeren Bohnenpüree mixen.

TAG 1:

In Rotwein geschmorter Fehlrippenkamm

Dies ist das einfachste Gericht der Welt. Es passt die ganzen drei Stunden, die es dauert, es zuzubereiten, auf sich selbst auf!

1,5 kg Rinderfehlrippe
2 EL Olivenöl
2 Zwiebeln
2 Karotten
1 Flasche Rotwein
Evtl. Wasser oder Brühe
½ TL Salz
Frisch gemahlener Pfeffer
Evtl. 1 Prise Zucker
Evtl. 1 EL Balsamico

Grüner Bohnensalat
400 g frische grüne Bohnen
½ rote Zwiebel

Vinaigrette
3 EL Olivenöl
1 EL Rotweinessig
1 TL Senf
1 kleine Prise Zucker

Beilage
Ofenkartoffeln

Den Fehlrippenkamm in einem Topf im Olivenöl auf allen Seiten anbraten. Die Zwiebeln schälen und vierteln. Die Karotten schälen und in kleinere Stücke schneiden. Zwiebeln und Karotten in den Topf geben und den Rotwein darübergießen. Evtl. mehr Wasser oder Brühe hinzufügen, sodass die Flüssigkeit ca. zwei Drittel des Fleisches bedeckt. Bei geschlossenem Deckel ca. 3 Stunden ruhig köcheln lassen, bis das Fleisch ganz zart ist.

Das Fleisch herausnehmen, die Flüssigkeit durch ein Sieb gießen und zu einer Sauce einkochen. Es sollten ca. 200–300 ml werden. Die Sauce mit Salz und Pfeffer und evtl. Zucker und Balsamico abschmecken.

Die Bohnen putzen und ca. 2–3 Minuten in leicht gesalzenem Wasser kochen, sodass sie immer noch Biss haben. In kaltes Wasser geben, dann abtropfen lassen. Die Zwiebel schälen und fein hacken. Die Bohnen auf einer Platte verteilen und mit den Zwiebeln bestreuen. Die Vinaigrette anrühren und über den Salat gießen.

Den Fehlrippenkamm mit Bohnensalat, Ofenkartoffeln und Sauce servieren.

Sandwich mit Senf-Pickles

Normalerweise werden Fleischreste für Restepfanne oder Wokgerichte verwendet, aber der Fehlrippenkamm ist so wohlschmeckend, dass er es verdient, eine Hauptrolle auf einem Sandwich zu spielen.

8 Cornichons
12 Scheiben gegarte Rote Bete
4–6 Scheiben Roggenbrot
Butter
Scheiben von Fehlrippenkamm vom Vortag
4 EL Senf-Pickles (Picalilli)
2 EL geriebener Meerrettich

Cornichons und Rote Beten in kleinere Stücke schneiden. Das Brot mit Butter bestreichen und mit Fleischscheiben belegen. Senf-Pickles darauf geben und mit Cornichons, Roter Bete und geriebenem Meerrettich bestreuen.

Wo ist die dänische Restepfanne?
Hier in Dänemark ist die typische Restepfanne wohl eines der bekanntesten Restegerichte und erschien fast zu selbstverständlich, um sie mit ins Buch zu nehmen. Trotzdem konnte ich mich nicht beherrschen – hier ist also das Rezept:

Eine fein gehackte Zwiebel bei schwacher Hitze in 2 EL Olivenöl und etwas Butter braten. Kartoffeln und Fleisch in Würfel geschnitten hinzufügen. Pro Person 1 Spiegelei braten und alles zusammen mit Ketchup, Worchestersauce und reichlich gehackter Petersilie servieren.

TAG 1: IN ROTWEIN GESCHMORTER FEHLRIPPENKAMM

TAG 2: SANDWICH MIT SENF-PICKLES

Geschmorte Lammhachse

Ein Gericht, das richtig lange köcheln sollte und gut am Tag vor dem Servieren zubereitet werden kann.

300 g Waldchampignons
2 EL Olivenöl + etwas zum Braten
1,5 kg Lammhachse
2–3 Zwiebeln
3 Stangen Staudensellerie
3 Karotten
2 Knoblauchzehen
250 g Kirschtomaten
600 ml Rotwein
1 Zweig Thymian
2 Lorbeerblätter
1 TL Salz und frisch gemahlener Pfeffer

Beilage
Brot oder Kartoffelbrei

Die Pilze putzen, in Scheiben schneiden und in etwas Olivenöl in einer Pfanne braten. Die Lammhachsen in einen großen Topf geben und in Öl gut anbraten, dann herausnehmen.

Die Zwiebeln schälen und hacken. Noch etwas Olivenöl in den Topf geben und die Zwiebeln bei mittlerer Hitze weich und glasig dünsten. Den Sellerie putzen und in Scheiben schneiden. Die Karotten schälen und in kleinere Würfel schneiden. Sellerie, Karotten und Pilze in den Topf geben. Den Knoblauch schälen und leicht zerdrücken.

Die Lammhachsen zurück in den Topf geben und Kirschtomaten, Rotwein, Knoblauch, Thymian und Lorbeerblätter dazugeben.

Ca. 300 ml Wasser in den Topf geben, bis das Fleisch bedeckt ist. Bei schwacher Hitze 1½–2 Stunden köcheln lassen, bis das Fleisch ganz zart ist und fast vom Knochen abfällt. Mit Salz und Pfeffer abschmecken.

Mit Brot oder einem guten Kartoffelbrei servieren. Die Reste des Fleisches aus dem Topf nehmen und für den nächsten Tag aufbewahren. Die Sauce evtl. durch ein Sieb gießen und einfrieren, dann haben Sie eine gute Basis für eine Suppe.

Wenn Sie nach dem Abendessen noch Zeit haben, können Sie evtl. das übrig gebliebene Lammfleisch marinieren, wenn Sie es am Tag danach für einen Wrap verwenden wollen (Rezept für die Marinade siehe Seite 115).

Verwahren Sie übrig gebliebene Gewürzmischungen in einem Marmeladenglas – dann haben Sie sie für sommerliche Grillgerichte parat.

Wrap mit Weißkohl-Tsatsiki

Das Fleisch von der Lammhachse schmeckt himmlisch in einem Wrap. Wenn Sie Zeit haben, marinieren Sie das Fleisch am Vorabend.

Fleisch

½ EL Kreuzkümmel
½ EL Koriandersamen
3 ganze Nelken
3 ganze Pfefferkörner
1 TL Kurkuma
½ EL Paprikapulver
Lammfleisch vom Vortag
1 EL Apfelessig
2 EL Olivenöl
1 TL Salz
Pfeffer

Weißkohl-Tsatsiki

1 Knoblauchzehe
¼ oder ½ Weißkohl oder 1 Spitzkohl (je nach Größe)
300 g griechischer Joghurt
1 EL Olivenöl
Saft von ½ Zitrone
½ TL Salz
Frisch gemahlener Pfeffer

10–12 Kirschtomaten
½ Gurke
½ Bund glatte Petersilie
½ rote Zwiebel
4–8 Fladenbrote oder Pitabrote
1–2 Romana-Salatherzen, in Blätter geteilt

Kreuzkümmel, Koriandersamen, Nelken und ganze Pfefferkörner in einer heißen, trockenen Pfanne rösten, bis es zu duften beginnt (ca. 15–30 Sekunden). In einem Mörser zerstoßen und mit Kurkuma sowie Paprikapulver vermischen. Das Fleisch in kleinere Stücke zerteilen und in eine Schüssel geben. Die Hälfte der Gewürzmischung über das Fleisch streuen und Apfelessig, Öl, Salz und Pfeffer hinzufügen. Das Fleisch in der Marinade ziehen lassen.

Den Knoblauch schälen und fein hacken. Den Weißkohl in feine Streifen schneiden. Mit Joghurt, Olivenöl und Knoblauch vermischen und mit Zitronensaft, Salz und Pfeffer abschmecken.

Die Tomaten vierteln. Die Gurke halbieren, entkernen und in Scheiben schneiden. Die Petersilie hacken und die Zwiebel in Ringe schneiden. Petersilie und Zwiebel in einer eigenen Schüssel vermischen.

Das Fleisch in einer Pfanne braten, bis die meiste Marinade verkocht ist. Die Fladenbrote im Ofen wärmen. Das Fleisch auf den Fladen verteilen. Tsatsiki, Gurke, Tomate, Zwiebel-Petersilien-Mischung und Salatblätter ebenfalls auf die Brote geben und diese zusammenrollen.

Schweinenacken mit Zitronen und Ofenkartoffeln

Ein Gericht, das sich fürs Wochenende eignet, da es drei Stunden im Ofen sein muss. Eine andere Möglichkeit ist es, die Ofentemperatur zu erhöhen – das verkürzt die Bratzeit, sodass das Gericht besser auch an einem Werktag zuzubereiten ist.

1,5–2 kg Schweinenacken
2 EL Olivenöl
4 Zwiebeln
1 Zitrone
2 Knoblauchzehen
1 Bund Petersilie, gehackt
600 ml Brühe
1 TL Salz
Frisch gemahlener Pfeffer

Beilage
Ofenkartoffeln und ein einfacher Salat – z.B. Rucola mit Senfvinaigrette

Den Backofen auf 140 °C vorheizen. Den Schweinenacken kreuzweise einschneiden. Das Olivenöl in einer Pfanne erhitzen und das Fleisch darin auf allen Seiten anbraten. Die Zwiebeln schälen und vierteln. Die Zitrone waschen und in Spalten schneiden. Die Knoblauchzehen leicht zerdrücken und schälen. Zwiebeln, Zitrone, Knoblauch und Petersilie in einen Römertopf oder einen feuerfesten Topf geben. Den Braten hineinlegen und die Brühe darübergießen. Mit Salz und Pfeffer würzen.

Zugedeckt im vorgeheizten Backofen 3 Stunden braten lassen. Sie können die Zeit auf 1½ Stunden verkürzen, wenn Sie den Schweinenacken bei 200 °C braten, aber dann wird er nicht so zart. Die Bouillon durch ein Sieb gießen, wenn das Fleisch fertig ist.

Die Kartoffeln waschen, in einen Bräter geben und ca. 30–40 Minuten vor Ende der Garzeit in den Ofen stellen.

Fleisch und Kartoffeln mit einem knackigen Salat servieren. Übrig gebliebenes Fleisch für den nächsten Tag aufbewahren.

STAUB

Alles in einem Topf

Hier können Sie nicht nur das restliche Schweinefleisch in einem sättigenden Eintopfgericht verbrauchen. Es gibt auch Verwendung für die leckere Bouillon!

3 Zwiebeln
3–4 Pastinaken, ca. 400 g
2 EL Oliven- oder Rapsöl
240 g Roggenreis
Bouillon vom Vortag
Schweinenacken vom Vortag
1 TL Salz
Frisch gemahlener Pfeffer
1 EL Zitronensaft oder Apfelessig

Dekoration
1 gute Handvoll Petersilie, gehackt

Beilage
Roggenbrot, Rote Bete und Senf

Die Zwiebeln schälen und hacken. Die Pastinaken schälen und würfeln. Das Öl in einem Topf erhitzen und die Zwiebeln bei mittlerer Hitze braten, bis sie weich sind. Die Pastinaken hinzufügen und ein paar Minuten weiterbraten. Roggenreis und 750 ml Bouillon (ggf. mit Wasser auffüllen) hinzufügen. Zugedeckt ca. 30 Minuten köcheln lassen, bis der Roggen weich ist.

Das Fleisch in mundgerechte Stücke schneiden und in den Topf geben, sodass es warm wird. Mit Salz, Pfeffer, Zitronensaft oder Apfelessig abschmecken.

Mit Petersilie bestreuen und mit Roggenbrot, Senf und Roter Bete als Beilagen servieren.

TAG 1:

Schweinelendchen mit Pestokartoffeln

Ein wirklich einfaches Gericht, das die meiste Zeit im Ofen von allein gart.

2 Schweinelenden, insgesamt 800 g
Olivenöl
1 EL Butter
500 g Champignons
500 g kleine Tomaten
1 TL Salz
Frisch gemahlener Pfeffer
1 EL Balsamico
650 g kleine Kartoffeln
3 EL Pesto
1 Schale Rucola

Den Ofen auf 200 °C vorheizen. Die Schweinelenden von Sehnen befreien. Etwas Öl und Butter in einer Pfanne erhitzen und das Fleisch darin anbraten, dann in eine feuerfeste Form legen. Die Champignons putzen, vierteln und in der Pfanne braten. Evtl. etwas mehr Olivenöl hinzufügen. Die Tomaten halbieren, Tomaten und Champignons zum Fleisch geben. Etwas Wasser zugeben und mit Salz und Pfeffer würzen. Mit etwas Balsamico beträufeln und im vorgeheizten Backofen ca. 30–40 Minuten garen, bis das Fleisch eine Kerntemperatur von ca. 70 °C hat.

Die Kartoffeln in leicht gesalzenem Wasser ca. 15 Minuten gar kochen. Das Wasser abgießen und die Kartoffeln in eine Schüssel geben, evtl. in kleinere Stücke schneiden. Das Pesto hinzufügen und die Kartoffeln darin wenden. Den Rucola erst kurz vor dem Servieren dazugeben, damit er knackig bleibt.

Eine halbe bis ganze Schweinelende für den nächsten Tag beiseitestellen und die übrig gebliebenen Pilze und Tomaten ebenfalls für den Eintopf am nächsten Tag aufheben. Falls etwas übrig bleibt, auch Brühe vom Fleisch aufbewahren.

TAG 2:

Lendcheneintopf

Eine moderne Variante eines meiner Lieblingsgerichte aus der Kindheit – aus einer Zeit, in der Cocktailwürstchen und Curry in der Küche noch exotische Zutaten waren.

2 Zwiebeln
1 EL Butter
1 EL Olivenöl
2 TL Curry
1 Dose gehackte Tomaten
140 g Tomatenmark
ca. 300 ml Bouillon vom Vortag
200 g Cocktailwürstchen
Schweinelende vom Vortag, ca. 300–400 g
Champignons und Tomaten vom Vortag
1 Glas Silberzwiebeln
100–200 g Sahne
1 TL Salz
Frisch gemahlener Pfeffer

Die Zwiebeln schälen und in Ringe schneiden. Butter und Öl in einem Topf schmelzen und die Zwiebeln darin bei mittlerer Hitze weich dünsten. Die Temperatur etwas erhöhen und das Curry hinzufügen. Anschwitzen und anschließend Dosentomaten und Tomatenmark hinzufügen. Brühe oder Wasser in den Topf geben und aufkochen lassen. Die Würstchen hinzufügen und ca. 10–15 Minuten köcheln lassen. Die Schweinelende in kleinere Stücke schneiden und zusammen mit den Champignons, den Tomaten und den Silberzwiebeln in den Topf geben. Mit Sahne, Salz und Pfeffer abschmecken.

Reis mit grünen Erbsen
240 g Reis
200 g grüne Erbsen, frisch oder Tiefkühlware aufgetaut

Den Reis in leicht gesalzenem Wasser 10 Minuten kochen. Die Platte ausschalten und den Reis ca. 10 Minuten quellen lassen. Anschließend die grünen Erbsen hinzufügen.

TAG 1: SCHWEINELENDCHEN MIT PESTOKARTOFFELN

TAG 2: LENDCHENEINTOPF

Flankensteak mit gebackenen Tomaten und Kräuterbutter

Ein wunderbares Gericht für einen Freitagabend mit Fleisch, Kartoffeln und Kräuterbutter.

3 Knoblauchzehen
1 EL Butter
Olivenöl
1 Flankensteak von ca. 1,5 kg
2 Rosmarinzweige
Meersalz
Frisch gemahlener Pfeffer
ca. 500 g kleine Kartoffeln

Gebackene Tomaten
500 g kleine Tomaten
2 Knoblauchzehen
1 EL Zucker
1 TL Meersalz
1 EL Olivenöl

Kräuterbutter
½ kleines Bund Estragon
1 Handvoll Petersilie
Evtl. 1 Handvoll Kerbel
100 g weiche Butter
Schale von 1 Zitrone
1 TL Meersalz

Den Backofen auf 180 °C vorheizen. Den Knoblauch schälen und leicht zerdrücken. Butter und etwas Olivenöl in einer Pfanne erhitzen und das Fleisch darin von allen Seiten gut anbraten. Knoblauch und Rosmarin hinzufügen. Das Fleisch in eine Form legen, mit Salz und Pfeffer würzen und im vorgeheizten Backofen ca. 40 Minuten braten, bis es eine Kerntemperatur von 52 °C hat. Alternativ können Sie das Fleisch in einer (Grill-)Pfanne auf jeder Seite 8 Minuten braten.

Die Kartoffeln waschen und in eine andere Form geben. Mit Öl beträufeln und salzen. Die Kartoffeln im Backofen zusammen mit dem Fleisch ca. 35 Minuten backen.

Die Tomaten waschen und in eine Form geben. Den Knoblauch schälen, in Scheiben schneiden und dazugeben. Mit Zucker und Salz bestreuen und mit Öl beträufeln. Ebenfalls ca. 30 Minuten im Ofen backen.

Die Kräuter hacken und mit Butter, Zitronenschale und Meersalz verrühren. Ca. 200–300 g Fleisch für den Folgetag beseitestellen. Das restliche Fleisch zusammen mit Kräuterbutter, Kartoffeln und Tomaten servieren.

Reispapierrollen mit Sesam-Dip

Reste von rotem Fleisch, Ente, Hühnchen oder Schwein schmecken zusammen mit Koriander und Minze in Reispapierrollen einfach fantastisch.

Flankensteak vom Vortag
1 Karotte
½ Gurke
1 Avocado
1 Bund Koriander
1 Bund Minze
12–16 Blatt Reispapier

Sesam-Dip
50 g Sesamsamen
2 EL neutrales Speiseöl
1 EL Tahini (oder ein weiterer EL Öl)
2 EL Reisweinessig
1 EL Sojasauce
½ EL süße Chilisauce
1 Prise Zucker
Evtl. Limettensaft

Das Fleisch in möglichst schmale Streifen schneiden. Die Karotte schälen und zusammen mit der Gurke in feine Streifen schneiden. Die Avocado in dünne Scheiben schneiden. Die Kräuter von den Stielen befreien, abspülen und trocknen. Eine Schüssel oder einen tiefen Teller bereitlegen, in dem das Reispapier liegen kann. Mit Wasser füllen und das Reispapier ca. 1 Minute einweichen. Legen Sie nur jeweils 2–3 Blätter Reispapier hinein, sodass Sie die Rollen machen können, während die nächsten Blätter einweichen. Wenn sie zu lange im Wasser liegen, kann man schlechter damit arbeiten. Die eingeweichten Reispapierbögen auf ein sauberes Brett legen. Fleisch, Gemüse und Gewürze (nicht zu viel) in der Mitte des Blattes verteilen. Die Seiten nach innen falten und das Reispapier eng zusammenrollen. Weitere Blätter füllen, bis die Füllung verbraucht ist.

Die Sesamsamen in einer heißen, trockenen Pfanne rösten, bis sie etwas Farbe bekommen. Die gerösteten Samen in einen Mörser geben und mit Öl, Tahini, Reisweinessig, Soja und süßer Chilisauce mixen. Evtl. einen Minihacker verwenden. Falls Sie das Dressing mit der Hand verrühren, sollte das Öl vorsichtig hinzugefügt werden – ansonsten gerinnt der Dip. Mit Zucker und evtl. Limettensaft abschmecken.

Anstelle des Sesam-Dips können Sie auch Sojasauce und süße Chilisauce zu den Rollen servieren – oder ein fertiges Goma-Dressing kaufen.

Hack-
fleisch

Chili con Carne

Meine Version des mexikanischen Lieblings – die Chilimenge kann nach Geschmack und Laune variiert werden.

300 g weiße Bohnen oder
3 Dosen Kidneybohnen
2 Zwiebeln
2 Knoblauchzehen
1 EL Olivenöl + etwas zum Braten
2 Paprikaschoten
3 Stangen Staudensellerie
1 frische rote Chili, fein gehackt (für mildere Schärfe die Kerne entfernen)
2 TL Kreuzkümmel
2 TL zerstoßene Koriandersamen
2 TL Cayennepfeffer
2 TL Paprikapulver
4–5 ganze Nelken
800 g Rinderhackfleisch
50 g Chorizo
2 Dosen gehackte Tomaten
1 Dose Tomatenmark
2 Stücke dunkle Schokolade, 85 % Kakaoanteil (20 g)
1 kleines Glas Rotwein oder 2 EL Balsamico
1½ TL Salz
Frisch gemahlener Pfeffer
Evtl. etwas Crème fraîche oder Frischkäse

Die Bohnen über Nacht einweichen und in frischem Wasser ca. 40 Minuten kochen. Dosenbohnen lediglich mit kaltem Wasser abspülen. Zwiebeln und Knoblauch schälen und fein hacken. Öl in einer großen Pfanne erhitzen und die Zwiebeln bei mittlerer Hitze anschwitzen, bis sie weich und glasig sind. Knoblauch hinzufügen und weiterdünsten.

Die Paprikaschoten in kleine Würfel schneiden. Den Stangensellerie putzen und in dünne Scheiben schneiden. Gemüse und Chili in den Topf geben und anbraten, bis sie weich sind. Herausnehmen. Alle Gewürze miteinander vermischen und in den Topf geben. Die Hitze etwas erhöhen, sodass sie gut geröstet werden. Evtl. mehr Olivenöl hinzufügen.

Das Rinderhack in den Topf geben und braten, bis das Fleisch gar ist. Die Chorizo in kleinere Stücke schneiden und in den Topf geben. Das Gemüse zurück in den Topf geben und gehackte Tomaten sowie Tomatenmark hinzufügen. Mit Wasser verdünnen, sodass alles bedeckt ist. Köcheln lassen, solange Sie Geduld haben, am besten ein paar Stunden. Schokolade, Rotwein und Bohnen hinzufügen und mit Salz und Pfeffer abschmecken.

Ca. die Hälfte für den nächsten Tag beiseite stellen und den Rest mit Crème fraîche oder Frischkäse und evtl. Brot servieren.

Quesadilla mit grober Guacamole

Die mexikanische Antwort auf ein Sandwich – hier mit Fleisch, viel geriebenem Käse und Guacamole.

Grobe Guacamole
2 reife Avocados
Saft von 1 Limette
1 kleine Knoblauchzehe
1 TL Kreuzkümmel
1 Prise Zucker
1 TL Meersalz
Etwas frisch gemahlener Pfeffer
250 g Kirschtomaten

Chili con Carne vom Vortag
8 Vollkorn-Tortillafladen
200 g geriebener Käse
½ Bund Koriander

Die Avocados in kleinere Stücke schneiden und in eine Schüssel geben. Limettensaft darübergießen. Den Knoblauch schälen und fein hacken. Den Kreuzkümmel in einem Mörser zerstoßen. Knoblauch, Kreuzkümmel, Zucker, Meersalz und Pfeffer mit der Avocado vermischen. Die Tomaten je nach Größe halbieren oder vierteln – die Stücke sollten nicht zu groß sein – und mit den Avocados vermischen.

Das Chili con Carne in einem Topf erhitzen. Einen Tortillafladen auf ein Brett legen. Eine passende Menge Chili daraufgeben und mit geriebenem Käse bestreuen. Einen weiteren Fladen darauflegen, sodass Fleisch und Käse zwischen den beiden Tortillas liegen.

Eine beschichtete Pfanne erhitzen und eine Quesadilla hineinlegen. Auf beiden Seiten braten, bis der Käse innen geschmolzen ist. Mit den übrigen Tortillas wiederholen. Die Quesadillas in Dreiecke schneiden und mit frischem Koriander bestreuen. Mit grober Guacamole servieren.

Wenn man noch etwas Limettensaft über die fertige Guacamole presst, wird sie nicht braun, bevor sie serviert wird.

Hackbällchen in Curry

Ein Leibgericht von Groß und Klein, bei dem die Äpfel in der Sauce dem würzigen Curry eine herrliche Süße verleihen.

Hackbällchen

2 mittelgroße Zwiebeln
800 g Schweinehackfleisch
2 Eier
200 ml Milch
5 EL Mehl
2 ½ TL Salz
1 ½ TL Pfeffer

Currysauce

1 Zwiebel
1 Apfel
10 g Butter
1–2 TL Curry
1 TL Kurkuma
500 ml Kochwasser von den Hackbällchen
100 ml Apfelsaft
Saucenbinder (100 ml Wasser mit 2–3 EL Mehl vermischt)
100 g Sahne
1 TL Salz und frisch gemahlener Pfeffer

Apfelsalat

1 Apfel
½ Spitzkohl oder Wirsing ohne die äußersten Blätter (die werden am Folgetag verwendet)
Saft von ½ Zitrone
1 EL Öl
1 TL Akazienhonig
Salz und Pfeffer
Glatte Petersilie, gehackt

Beilage

Reis, Dinkel oder Kochweizen (am besten eine doppelte Portion)

Die Zwiebeln schälen, fein hacken und in eine Schüssel geben. Alle übrigen Zutaten für die Hackbällchen unterrühren. Wasser in einem Topf aufkochen, die Masse zu golfballgroßen Bällchen formen und ins kochende Wasser geben. Wenn die Hackbällchen an die Oberfläche kommen, sollten sie noch weitere 4 Minuten gekocht werden.

Für die Currysauce die Zwiebel schälen und fein hacken, den Apfel reiben. Die Butter in einem Topf schmelzen und die Zwiebel bei schwacher Hitze dünsten. Die Hitze etwas erhöhen und zuerst den Apfel, dann die Gewürze hinzufügen und anrösten. Das Kochwasser von den Hackbällchen in den Topf gießen und die Sauce aufkochen. Apfelsaft hinzufügen und die Sauce mit dem Saucenbinder binden. Sahne hinzufügen und die Sauce mit Salz und Pfeffer abschmecken.

Apfel und Kohl fein schneiden. Die Zutaten für das Dressing verrühren und über den Salat geben. Mit Petersilie bestreuen.

Die Hackbällchen mit Reis, Currysauce und Apfelsalat servieren. 8–10 Hackbällchen vor dem Servieren beiseitestellen. Überschüssigen Reis und Sauce ebenfalls aufbewahren.

Kohlrouladen

Die kleinen grünen Pakete sind eine einfache Art, die Reste des Vortags in etwas Neues zu verwandeln – und darüber hinaus finden viele Kinder es toll, bei der Zubereitung zu helfen.

8–10 Wirsing-Außenblätter vom Vortag
8–10 gekochte Hackbällchen vom Vortag
300 ml Currysauce vom Vortag
1 Dose gehackte Tomaten
Evtl. 70 g Tomatenmark
Salz und Pfeffer

Beilage
Reis, Dinkel oder Kochweizen, ggf. vom Vortag

8–10 Wirsingblätter, die Sie am Vortag beiseitegelegt haben, waschen und 2 Minuten in leicht gesalzenem Wasser kochen. Herausnehmen und das meiste Kochwasser abgießen, aber etwas Flüssigkeit im Topf lassen.

Ein Hackbällchen in jedes Kohlblatt legen und gut einwickeln. Die Kohlrouladen mit der Öffnung nach unten vorsichtig in den Topf legen. In einer Schicht dicht nebeneinander legen und bei mittlerer Hitze ca. 5 Minuten garen.

Die Currysauce erhitzen und die gehackten Tomaten und evtl. etwas Tomatenmark hinzufügen. Mit Salz und Pfeffer abschmecken.

Die Kohlrouladen mit der Beilage und Currytomatensauce servieren. Evtl. überschüssigen Wirsing fein schneiden, in etwas Öl und Zitronensaft wenden und dazu servieren.

Kochen von Reis
Wenn Sie normalen weißen Reis kochen wollen, verwenden Sie die eineinhalbfache bis doppelte Menge an Wasser. Kochen Sie Reis und Wasser auf, rühren Sie um und reduzieren Sie die Hitze stark. Den Reis 10 Minuten köcheln lassen. Den Herd ausschalten und im Topf weitere 10 Minuten ziehen lassen.

TAG 1: HACKBÄLLCHEN IN CURRY

TAG 2: KOHLROULADEN

TAG 1:

Matias' Bolognese

Bei uns zu Hause ist mein Mann für die Hackfleischsauce zuständig. Am besten bereitet man sie schon am Vortag zu, sodass sie mehrere Stunden lang köcheln kann.

2 Zwiebeln
4 Knoblauchzehen
3 EL Olivenöl
2 Dosen Tomatenmark
1 Handvoll frischer Thymian
800 g Rinderhackfleisch
2 Stangen Staudensellerie
1 Karotte
1 Paprika
2 Dosen geschälte Tomaten
350 ml Rotwein
Ein paar Stängel Basilikum
60 g Pancetta, Salsiccia oder Chorizo
250 g Champignons
2 TL Salz
Frisch gemahlener Pfeffer
1 TL Zucker

Spaghetti oder Weißkohl
Geriebener Parmesan

Zwiebeln und Knoblauch schälen, fein hacken und bei mittlerer Hitze im Olivenöl weich und glasig dünsten. 1 Dose Tomatenmark und den Thymian hinzufügen und gut rühren. Die Hitze etwas erhöhen und ein paar Minuten zu einer groben Tomatenpaste einkochen lassen. Das Fleisch hinzufügen und ein paar Minuten gut rühren.

Den Sellerie putzen und in dünne Scheiben schneiden. Die Karotte schälen und fein würfeln. Die Paprika entkernen und klein schneiden. Das Gemüse in den Topf geben und umrühren. Geschälte Tomaten, die zweite Dose Tomatenmark und ein paar Stängel Basilikum zufügen. Die Wurst würfeln. Die Champignons putzen und in Scheiben schneiden. Beides in den Topf geben und alles zugedeckt bei schwacher Hitze ein paar Stunden köcheln lassen. Je länger, desto besser.
Mit Salz, Pfeffer und Zucker abschmecken.

Ca. die Hälfte der Fleischsauce für den nächsten Tag beiseitestellen. Den Rest mit Spaghetti oder fein geschnittenem Weißkohl, falls Sie eine kalorienreduzierte Version wollen, servieren. Mit geriebenem Parmesan bestreuen.

Moussaka

Eine Hackfleischsauce kann in viele Dinge verwandelt werden. Hier wird sie in einer klassischen Moussaka verwendet.

2-3 Auberginen, je nach Größe
2 TL grobes Salz
3-4 EL Olivenöl
½ Portion Bolognese vom Vortag
150 g geriebener Käse
Semmelbrösel

Béchamelsauce
30 g Butter
3 EL Mehl
500 ml lauwarme Milch
1 TL Salz
Weißer Pfeffer
Etwas Muskat

Griechischer Salat
1 Gurke
5 große oder 10 kleine Tomaten
100 g griechischer Feta am Stück
50 g schwarze Oliven, z.B. Kalamata
1 EL Olivenöl
1 TL Meersalz
Frisch gemahlener Pfeffer

Die Auberginen längs in ca. 5 mm dicke Scheiben schneiden. Mit dem Salz bestreuen und ca. 10 Minuten lang ziehen lassen. Eine Pfanne mit Öl erhitzen und die Auberginenscheiben braten, bis sie leicht Farbe bekommen. Beiseitestellen.

Für die Béchamelsauce die Butter in einem Topf erhitzen. Weizenmehl hinzufügen und schnell mit einem Schneebesen schlagen. Nach und nach die Milch hinzufügen und gut rühren, sodass die Sauce keine Klümpchen bekommt. Ein paar Minuten kochen lassen, mit Salz, Pfeffer und Muskat abschmecken.

Den Backofen auf 200 °C vorheizen. Auberginenscheiben in einer gefetteten Auflaufform verteilen. Die Bolognesesauce und eine weitere Schicht Auberginen darübergeben. Fortfahren, bis alles aufgebraucht ist. Die Béchamelsauce darüber verteilen, mit Käse bestreuen und mit einer guten Schicht Semmelbrösel abschließen, sodass die Oberfläche bedeckt ist. Die Moussaka im vorgeheizten Backofen ca. 20–25 Minuten lang backen. Vor dem Servieren etwas durchziehen lassen.

Die Gurke schälen, längs halbieren und die Kerne herausschaben. Das Gurkenfleisch in feine Scheiben schneiden. Auch die Tomaten in Scheiben schneiden. Das Gemüse auf einer Platte arrangieren. Den Feta darüberbröckeln und die Oliven dazugeben. Mit Olivenöl beträufeln und mit Salz und Pfeffer bestreuen.

Hackbällchen in indischer Tomatensauce

Ingwer, Koriander und Kardamom geben diesem Gericht Charakter.

Tomatensauce
1 große Zwiebel
1 EL Olivenöl
1 Knoblauchzehe
50 g Ingwer
2 EL ganze Koriandersamen
1 TL Kardamom (evtl. ganze Kapseln zerstoßen)
1 TL Garam Masala
Chilipulver nach Geschmack
1 grüne Paprika
1 Dose Tomaten
70 g Tomatenmark
2 TL Zucker
1 TL Salz und frisch gemahlener Pfeffer

Hackbällchen
1 Zwiebel
2 Knoblauchzehen
800 g Rinderhackfleisch
1 Ei
½ EL Salz und frisch gemahlener Pfeffer
Evtl. ein paar EL Mehl
Öl oder Butter

Raita
1 Gurke
200 g Quark oder abgetropfter Joghurt
Etwas Paprikapulver
½ TL Salz und frisch gemahlener Pfeffer

Beilagen
Reis mit 1 TL Kurkuma im Kochwasser, Naan-Brot und evtl. Koriander

Für die Tomatensauce die Zwiebel schälen, grob hacken und in einem Topf im Olivenöl andünsten. Den Knoblauch schälen und fein schneiden. Den Ingwer schälen und reiben. Die Koriandersamen in einem Mörser zerstoßen. Ingwer, Knoblauch und alle Gewürze hinzufügen und anrösten lassen. Die Paprika in feine Würfel schneiden. In den Topf geben und 1–2 Minuten braten. Dosentomaten, Tomatenmark und Zucker hinzufügen und die Sauce 10–15 Minuten lang köcheln lassen. Mit Salz und Pfeffer abschmecken.

In der Zwischenzeit die Hackbällchen zubereiten. Zwiebel und Knoblauch schälen und sehr fein schneiden. Alle Zutaten in einer Schüssel vermischen. Mehl hinzufügen, falls die Masse zu weich ist. Die Hackbällchen in etwas Öl oder Butter in einer Pfanne braten.

Für die Raita die Gurke längs halbieren und die Kerne herausschaben. Das Gurkenfleisch in Scheiben schneiden und mit Quark oder Joghurt vermischen. Mit Paprika, Salz und Pfeffer abschmecken.

Die Hälfte der Hackbällchen für den Folgetag beiseitestellen. Die restlichen Hackbällchen mit Tomatensauce, Raita und Reis oder Naan-Brot servieren.

Spaghetti Meatballs mit Zitronen-Petersilien-Pesto

Selbstgemachtes Pesto ist der Mühe wert. Es schmeckt fantastisch und ist gut machbar, wenn die Hackbällchen schon fertig sind und die Spaghetti nur gekocht werden müssen.

400–500 g Spaghetti
Hackbällchen vom Vortag
Evtl. noch etwas geriebener Parmesan

Zitronen-Petersilien-Pesto
Saft von 1–2 Zitronen, ca. 75 ml
Schale von 1 Zitrone
150 ml Olivenöl
150 g Parmesan
½ Bund glatte Petersilie
½ TL Salz
Frisch gemahlener Pfeffer

Den Backofen auf 200 °C vorheizen. Die Spaghetti nach Packungsanweisung kochen. Währenddessen für das Pesto Zitronensaft, geriebene Zitronenschale, Olivenöl, Parmesan und Petersilie mixen, aber vorher etwas Petersilie zum Bestreuen beiseitelegen. Das Pesto mit Salz und Pfeffer abschmecken.

Die Hackbällchen in einer Form im vorgeheizten Backofen mit Alufolie bedeckt in ca. 7 Minuten aufwärmen. Evtl. etwas Wasser in die Form gießen, damit sie nicht trocken werden. Wenn die Spaghetti gar sind, das Wasser abgießen und die Nudeln mit dem Zitronen-Petersilien-Pesto vermischen.

Die Spaghetti und die Hackbällchen in tiefen Tellern mit Petersilie und evtl. geriebenem Parmesan bestreut servieren.

TAG 1: HACKBÄLLCHEN IN INDISCHER TOMATENSAUCE

TAG 2: SPAGHETTI MEATBALLS MIT ZITRONEN-PETERSILIEN-PESTO

Süßes

Apfel-Trifle mit Roggenbrotcrunch

Nicht mehr ganz frisches Roggenbrot bekommt in diesem Rezept eine ganz neue und edle Funktion als knusprige Basis im Trifle.

Apfelmus
6–7 große einheimische säuerliche Äpfel
½ Vanillestange
Ca. 50 g Rohrzucker
Evtl. ½ EL Zitronensaft

Roggenbrotcrunch
2–3 Scheiben Roggenbrot, gerne halbtrocken, ca. 150 g
50 g Haselnüsse
100 g Großblatt-Haferflocken
1 gehäufter EL Zucker
20 g Butter
Evtl. 50 g dunkle Schokolade, 70 % Kakaoanteil

250 g Schlagsahne – oder griechischer Joghurt, mit etwas Vanillezucker und Puderzucker verrührt
Evtl. etwas geriebene Schokolade als Dekoration

Die Äpfel schälen, in Spalten schneiden und die Kerngehäuse entfernen. Die Apfelspalten in einen Topf mit 100 ml Wasser geben. Die Vanillestange längs halbieren und die Samen herauskratzen. Samen und Stange zu den Äpfeln geben und alles zum Kochen bringen. Die Hitze reduzieren und alles ca. 15 Minuten lang köcheln lassen, bis die Äpfel leicht zerkocht sind.

Den Topf vom Herd nehmen und das Mus verrühren. Es sollte immer noch etwas Struktur haben. Mit Zucker und evtl. Zitronensaft abschmecken. Ca. 200 ml Apfelmus für den nächsten Tag in den Kühlschrank stellen.

Das Roggenbrot zerkleinern. Die Haselnüsse grob hacken und in einer Schüssel mit den Roggenbrotkrumen vermischen. Haferflocken und Zucker hinzufügen. Die Butter in einer Pfanne schmelzen und die Mischung hineingeben. Unter Rühren leicht rösten und abkühlen lassen. Nach Belieben die Schokolade hacken und unterheben.

Die Sahne steif schlagen und abwechselnd Schichten von Apfelmus, Sahne und Roggenbrotcrunch in ein Glas füllen. Evtl. mit etwas geriebener Schokolade dekorieren.

Überschüssiges Roggenbrotcrunch schmeckt ausgezeichnet als knuspriges Topping auf Joghurt.

TAG 2:

Gefüllte Pralinen

Überschüssiges Apfelmus? Dann machen Sie doch gefüllte Schokoladenstückchen, die das ganze Jahr über wunderbar zu einer Tasse Kaffee passen.

200 ml Apfelmus vom Vortag
200 g dunkle Schokolade, 70 % Kakaoanteil

Das Apfelmus in einen Eiswürfelbereiter füllen und einfrieren. Sobald das Apfelmus ganz gefroren ist, die Schokolade in kleinere Stücke brechen und über einem heißen Wasserbad schmelzen.

Die gefrorenen Apfelstücke sehr schnell auf allen Seiten in Schokolade tauchen. Auf Backpapier legen, bis das Apfelmus aufgetaut ist, dann sofort servieren.

Versuchen Sie es auch mit anderen Arten von Fruchtmus.

Vielen Dank an Food-Autorin Mette Helbæk, von der dieses Rezept stammt.

Die Pralinen halten sich ein paar Tage im Kühlschrank, schmecken aber ganz frisch gemacht am besten.

Schokoladenkuchen mit Johannisbeer-Coulis

Ein Klassiker! Hier mit Walnüssen, die all der Süße etwas Bitterkeit entgegensetzen.

200 g Butter
200 g dunkle Schokolade, 70 % Kakaoanteil
4 Eigelb
200 g Zucker
1 Msp Salz
100 g Mandeln
100 g Walnüsse
5 Eiweiß

Johannisbeer-Coulis
200 g schwarze Johannisbeeren
1 EL Rohrzucker

200 g Schlagsahne
Evtl. Schokoladenspäne zum Verzieren

Butter und Schokolade über einem heißen Wasserbad schmelzen. Eigelb und Zucker in eine Schüssel geben und schaumig schlagen. Die Schokoladenmasse vorsichtig unter die Eimasse heben. Salz hinzufügen. Die Mandeln so fein wie möglich hacken oder mixen. Die Konsistenz sollte fast wie Mehl sein. Die Walnüsse grob hacken und alles in die Schüssel geben.

Den Backofen auf 180 °C vorheizen. Das Eiweiß steif schlagen. Den Eischnee vorsichtig unter den Teig heben. Den Teig in eine mit Backpapier ausgekleidete Springform geben und den Kuchen im vorgeheizten Backofen ca. 45 Minuten lang backen. Aufpassen, dass der Kuchen oben nicht verbrennt – evtl. Aluminiumfolie darüber legen, wenn er zu dunkel wird.

Schwarze Johannisbeeren und Rohrzucker mit etwas Wasser in einem Topf zum Kochen bringen. Ein paar Minuten gut rühren und vom Herd nehmen.

Die Sahne schlagen und den Schokoladenkuchen mit Johannisbeer-Coulis und eiskalter Schlagsahne servieren. Evtl. mit Schokoladenspänen bestreuen.

Konfektkugeln mit Cranberrys und Kokos

Ja, es kann passieren, dass der Schokoladenkuchen nicht ganz aufgegessen wird – hier also eine einfache Methode, ihn in kleine delikate Konfektkugeln zu verwandeln.

200 g Datteln
½ Schokoladenkuchen (die Menge der übrigen Zutaten der übrig gebliebenen Kuchenmenge anpassen)
100 g Cranberrys
1–2 EL Orangenlikör nach Belieben
20 g Kokosflocken

Wenn Sie Reste von Johannisbeercoulis haben, können Sie es auch mit in die Kugeln mischen.

Die Datteln entsteinen und den Schokoladenkuchen in kleinere Stücke schneiden. Beides in einen Mixer oder eine Küchenmaschine geben. Alternativ kann man ein Rührgerät mit Knethaken verwenden. Zu einer gleichmäßigen Masse mixen.

Die Cranberrys hacken und mit der Masse vermischen. Evtl. Orangenlikör einrühren. Die Masse zu kleinen Kugeln rollen und in Kokosflocken wenden. Sofort essen oder in einer Box im Kühlschrank aufbewahren.

Tarte mit Zitrone und Baiser

Meine Version des französischen Klassikers Tarte au Citron, die die perfekte Balance zwischen knusprig und weich, süß und säuerlich schafft.

Füllung
Saft von 3–4 Zitronen, insgesamt ca. 200 ml
½ Vanillestange
180 g Zucker
4 Eigelb
50 g Maisstärke

Boden
125 g kalte Butter + etwas zum Einfetten der Form
100 g Puderzucker
250 g Weizenmehl
1 Ei
50 g Kokosflocken

Baiser
3 Eiweiß
200 g Puderzucker

Zitronensaft mit 200 ml Wasser in einem Topf bis kurz vor den Siedepunkt erhitzen. Die Samen aus der Vanillestange kratzen. Zucker, Eigelb und Vanillesamen in einer Schüssel zu einer schaumigen Masse schlagen. Maisstärke hinzufügen und weiterschlagen. Das heiße Zitronenwasser darübergießen und gut verquirlen. Die Mischung zurück in den Topf geben. Vorsichtig erhitzen und gut umrühren, bis sie langsam eindickt. Dabei aufpassen, dass nichts anbrennt. Die Creme abkühlen lassen.

Den Backofen auf 150 °C vorheizen. Die Butter in kleine Würfel schneiden und zusammen mit Puderzucker, Mehl, dem Ei und den Kokosflocken in einer Schüssel oder Küchenmaschine zu einem homogenen Teig kneten. Den Teig zwischen zwei Backpapierbögen ausrollen und in eine gefettete Tarteform geben. Evtl. überschüssigen Teig wegschneiden. Den Boden mit einer Gabel einstechen und im vorgeheizten Backofen in ca. 15 Minuten goldbraun backen. Herausnehmen und leicht abkühlen lassen, bevor die Zitronencreme darauf gegeben wird. Den Backofen nicht ausschalten.

Das Eiweiß steif schlagen. Puderzucker hinzufügen und ca. 5 Minuten lang weiterschlagen, bis die Masse zäh und glänzend wird. Den Eischnee über der Tarte verteilen und die Form zurück in den Ofen stellen. Backen, bis das Baiser oben leicht hellbraun ist.

Ice cream – Citrus dream

Von dem amerikanische Trend, Kuchen in Eis zu mischen, können wir uns gerne inspirieren lassen – wie in diesem Rezept, in dem die überschüssige Zitronentarte in ein leckeres Parfait verwandelt wird.

½ Zitronentarte vom Vortag
6 Eigelb
135 g Puderzucker
500 g Schlagsahne

Die Tarte in kleinere Stücke schneiden und auf eine Platte mit Backpapier legen. Die Platte muss in den Gefrierschrank passen. Die Kuchenstücke ca. 30–40 Minuten einfrieren.

Eigelb und Puderzucker in einer Schüssel hell und schaumig schlagen. Die Sahne in einer anderen Schüssel halbsteif schlagen. Die Sahne vorsichtig unter die Eimasse heben. Anschließend die gefrorenen Kuchenstücke vorsichtig unter die Masse heben. Die Masse in einen Plastikbehälter oder kleinere Portionsschälchen füllen und einfrieren. Das Eis ca. 20 Minuten vor dem Servieren herausnehmen.

Wenn es schnell gehen soll, können Sie den Kuchen auch unter ein gekauftes gutes Vanilleeis rühren. Das Eis etwas antauen lassen, bevor Sie es mit dem Kuchen vermischen. Probieren Sie dieses Rezept auch mit Resten von z.B. Bananenmuffins oder Cookies aus.

Basis-
rezepte

Selbstgemachte Mayonnaise

Ich bin süchtig nach meiner selbstgemachten Mayonnaise. Darüber hinaus ist sie ganz einfach zu machen, wenn man nur anfangs mit dem Öl vorsichtig ist.

2 Eigelb
1 TL Salz
300–400 ml neutrales Speiseöl
Saft von ½ Zitrone
1–2 TL Weißweinessig oder Kräuteressig, siehe Seite 169
1 TL Dijonsenf
Weißer Pfeffer

Eigelb mit Salz verrühren, bis es eine zähe Konsistenz hat. Dann langsam das Öl einrühren – zuerst tropfenweise, dann etwas mehr, dabei ständig mit dem Schneebesen schlagen. Auf keinen Fall zu viel auf einmal hineingießen – sonst gerinnt die Mayonnaise. Je mehr Öl hineingegeben wird, desto dicker wird die Mayonnaise. Mit Zitronensaft, Essig, Senf, weißem Pfeffer und evtl. noch mehr Salz abschmecken. Mayonnaise ist Geschmackssache, also entscheiden Sie selbst, wie viel Sie würzen wollen.

Wenn die Mayonnaise gerinnt, können Sie folgenden Trick anwenden: Ein neues Eigelb nehmen und mit Salz verrühren. Die geronnene Masse vorsichtig tropfenweise hinzufügen. Der neuen Portion etwas mehr Öl hinzufügen, da sie ein Eigelb mehr enthält. Derselbe Trick kann eine geronnene Sauce Bernaise retten.

Hummus

Selbstgemachtes Hummus ist viel einfacher, als es klingt – und es schmeckt herrlich als Beilage zu Fleisch, in Sandwiches oder zusammen mit Karotten-, Gurken- und Paprikastreifen.

500 g getrocknete Kichererbsen
1 EL Kreuzkümmel
1 Knoblauchzehe
50 g Tahini (Sesampaste)
½ EL grobes Salz
100 g Naturjoghurt
Saft von 1 Zitrone
2 EL Olivenöl
100 ml Kochwasser von den Kichererbsen

Ich koche immer eine große Portion Kichererbsen – ca. 500 g. Die, die ich nicht sofort brauche, friere ich ein. So ist es immer einfach, Gerichte mit Kichererbsen oder eine frische Portion Hummus zu machen. Als Alternative können Sie gekochte Kichererbsen aus der Dose verwenden.

Die Kichererbsen ca. 8 Stunden lang oder über Nacht in Wasser einweichen. In einen Topf geben, mit Wasser bedecken und ca. 30–40 Minuten lang kochen, bis sie weich sind. Das Wasser abgießen, aber etwas Kochwasser aufsparen. Etwas über die Hälfte (ca. 300 g) für Hummus verwenden und den Rest einfrieren.

Den Kreuzkümmel in einem Mörser zerstoßen und den Knoblauch schälen. Die Kichererbsen mit Kreuzkümmel, Tahini, Knoblauch, Salz, Joghurt, Zitronensaft und Olivenöl vermischen. Etwas Kochwasser hinzufügen, falls die Konsistenz zu trocken ist, aber immer nur kleine Portionen, bis die gewünschte, cremige Konsistenz erreicht ist.

Sauerteigbrot

Es hat meine Freundin Linette einen ganzen Mutterschaftsurlaub gekostet, dieses Brot zu entwickeln, das ich hier mit einbringen durfte. Dafür ist es jetzt auch fast perfekt. Aber es erfordert eine Küchenmaschine – oder sehr kräftige Hände zum Kneten.

Sauerteig

300 ml Wasser
25 g Roggenmehl
30 g Vollkornmehl
60 g Weizenmehl

Alle Zutaten gründlich miteinander verquirlen. Den Sauerteig in einen verschließbaren zylinderförmigen Behälter geben und bei Zimmertemperatur stehen lassen. Regelmäßig mit einem Schneebesen rühren – am besten mehrmals täglich. Der Sauerteig ist nach 3–4 Tagen fertig, wenn er schwach säuerlich riecht.

Teig

100 ml Sauerteig
10 g Hefe
15 g Salz
450 g Weizenmehl
150 g grobes Mehl (z.B. eine Mischung aus 50 g Haferflocken, 50 g Roggenmehl und 50 g Vollkornmehl)
2 TL Oliven- oder Rapsöl zum Einfetten der Schüssel

Sauerteig und Hefe in eine Schüssel geben und rühren, bis die Hefe aufgelöst ist. Salz hinzufügen und nach und nach das Mehl dazugeben. 400–500 ml Wasser hinzufügen und den Teig bei niedriger Geschwindigkeit in einer Küchenmaschine rühren, bis sich alles verbindet. 100 ml Wasser hinzufügen und die Geschwindigkeit erhöhen. Bis zu 20 Minuten rühren, bis der Teig nicht mehr an der Schüssel haftet. Rollen Sie eine kleine Menge Teig aus. Wenn man ihn papierdünn ausrollen kann, ohne dass er zerfällt, ist er fertig geknetet. Falls Sie die Konsistenz etwas zu flüssig finden, können Sie 100 g mehr Mehl hinzufügen. Den Teig in eine geölte Schüssel legen und zum Gehen in den Kühlschrank stellen. Die optimale Gehzeit ist 24 Stunden, aber über Nacht funktioniert auch.

Den Ofen auf höchstmögliche Stufe vorheizen. Ein Backblech, wenn möglich mit einem Schamottstein, miterhitzen. Den Teig vorsichtig auf eine bemehlte Arbeitsfläche legen und in 3–4 Stücke teilen. Zu Broten formen, dabei den Teig nicht zu viel berühren. Evtl. einen Teigschaber verwenden.

Wenn der Ofen heiß ist, die Temperatur auf 220 °C reduzieren. Die Brote direkt auf das Blech schieben, am besten mit einem Backschieber o. ä. Die Brote ca. 20–25 Minuten lang backen, bis sie hübsch braun sind und hohl klingen, wenn man darauf klopft. Zum Abkühlen auf einen Rost legen.

Kräuteressig

Der Kräuteressig ist ein Klassiker aus der Küche meiner Mutter. Sie macht den Essig im Sommer, wenn der Garten Unmengen an frischen Kräutern bietet. Der Essig gibt allen Gerichten von süßsaurem Kartoffelsalat (siehe Seite 53) bis Mayonnaise (siehe Seite 162) eine fantastisch säuerliche Note.

Stängel von 4–5 verschiedenen Gewürzen, z.B. Estragon, Thymian, Salbei, Liebstöckel und Dill (Verwenden Sie, was Sie haben, aber mit oben genannter Mischung machen Sie nichts verkehrt)
1 Knoblauchzehe
1 kleine rote Chili
1 TL Einlegegewürz (gibt es als fertige Mischung zu kaufen)
Essig, Haushaltsessig oder normaler klarer Essig

Eine Flasche oder ein Einmachglas mit kochendem Wasser ausspülen. Die Kräuter abspülen und den Knoblauch schälen. Kräuter, Knoblauch, Chili und Einlegegewürz in die Flasche oder das Glas geben. Evtl. die Knoblauchzehe spalten, wenn sie zu groß ist. Den Essig hineingießen, die Flasche verschließen und den Essig ca. 2–3 Wochen ziehen lassen. Der Kräuteressig hält sich lange Zeit.

Achtung: Die Kombination von Essig und Knoblauch kann eine Verfärbung herbeiführen, die jedoch den Geschmack nicht beeinträchtigt.

Register

A

Alles in einem Topf 119
Apfel-Trifle mit Roggenbrotcrunch 149
Apfel-Zwiebel-Kompott mit Bratwurstschnecke und Pastinakenmus 49

B

Bohnen-Blumenkohl-Salat, gebratener Lachs mit 67
Bolognese, Mathias' 138
Brandade 72
Bratwurstschnecke und Pastinakenmus, Apfel-Zwiebel-Kompott mit 49

C

Chili con Carne 131
Chilihühnchen und Salat mit Blauschimmelkäse-Dressing 30
Clubsandwich mit Parmaschinken 24

D

Dorsch mit Topinambur und knusprigem Brot 71

E

Erbsenpüree und Seelachs, Kleine Kartoffeln mit 52

F

Fehlrippenkamm, In Rotwein geschmorter 108
Fischspieß mit Spitzkohlsalat 83
Flankensteak mit gebackenen Tomaten und Kräuterbutter 124
Fleisch mit Thunfischsauce 98
Französische Zwiebelpizza 50
Frikadellen 61
Frikassee mit Frühlingsgemüse 34

G

Geröstete Rote Bete 57
Gebackener Kürbis mit Pestofisch und Spinatsalat 45
Gebratener Lachs mit Bohnen-Blumenkohl-Salat 67
Gefüllte Pralinen 150
Gemüselasagne 41
Geschmorte Lammhachse 112
Griechischer Salat 141
Grüne Brote, nahrhafte Minestrone mit 107
Grüner Schweinebraten 94
Guacamole, Quesadilla mit grober 132

H

Hackbällchen in Curry 134
Hackbällchen in indischer Tomatensauce 142
Hühnchen aus dem Wok mit Erdnusssauce 33
Hühnchen mit Kartoffelgratin und Weißkohlsalat 23
Hühnchen mit Linsensalat, provencalisches 26
Hühnchen, Grapefruit, Walnüsse und Avocado, Salat mit 16
Hühnerfleischsalat, Klassischer 37
Hühnersuppe 18
Hummus 165

I

Ice Cream – Citrus Dream 158
In Rotwein geschmorter Fehlrippenkamm 108
Indische Tomatensauce, Hackbällchen in 142

J

Johannisbeer-Coulis, Schokoladenkuchen mit 153

K

Kapern-Tomaten-Sauce, Schellfisch mit 74

Kartoffelgratin und Weißkohlsalat, Hühnchen mit 23
Kartoffeln mit Erbsenpüree und Seelachs, kleine 52
Kartoffelsalat mit Liebstöckel und Würsten, süßsaurer 53
Klassischer Hühnerfleischsalat 37
Kleine Kartoffeln mit Erbsenpüree und Seelachs 52
Kohlrouladen 135
Konfektkugeln mit Cranberrys und Kokos 154
Krabben-Bisque 79
Kräuterbutter, Flankensteak mit gebackenen Tomaten und 124
Kräuteressig 169
Krautsalat mit Hühnchen und Ziegenkäse 27
Krautsalat mit schwarzem Sesam 62
Kürbis mit Pestofisch und Spinatsalat, gebackener 45
Kürbismus, Rinderbraten mit 97
Kürbissuppe 46

L

Lammhachse, geschmorte 112
Lammkotelettes, Ratatouille mit 40
Lasagne, Gemüse- 41
Lendcheneintopf 121
Linsensalat, provenzalisches Hühnchen mit 26

M

Marinierter Weißkohl mit Zitrone, Kapern und Oliven 61
Matias' Bolognese 138
Mayonnaise, selbstgemachte 162
Meatballs mit Zitronen-Petersilien-Pesto, Spaghetti 143
Minestrone mit grünen Broten, nahrhafte 107
Moussaka 141

N

Nahrhafte Minestrone mit grünen Broten 107
Nudelsuppe mit Pilzen, Pak Choi und Ingwer 101
Nizza-Salat 88

O

Ofenkartoffeln, Schweinenacken mit Zitronen und 116
Omelette mit Spinat und Lachs 68
Ossobuco 104

P

Paprikasauce, Thunfisch mit 87
Pasta puttanesca 75
Pastinakenmus, Apfel-Zwiebel-Kompott mit Bratwurstschnecke und 49
Pestofisch und Spinatsalat, gebackener Kürbis mit 45
Pestokartoffeln, Schweinelendchen mit 120
Pikante Rote-Bete-Suppe 58
Provenzalisches Hühnchen mit Linsensalat 26

Q

Quesadilla mit grober Guacamole 132

R

Raita 142
Ratatouille mit Lammkoteletts 40
Reis mit grünen Erbsen 121
Reispapierrollen mit Sesam-Dip 127
Rinderbraten mit Kürbismus 97
Risotto mit Hühnchen und Pilzen 19
Roggenbrotcrunch, Apfel-Trifle mit 149
Rote Bete, Geröstete 57
Rote-Bete-Suppe, Pikante 58

S

Salat mit Blauschimmelkäse-Dressing, Chilihühnchen und 30
Salat mit Hühnchen, Grapefruit, Walnüssen und Avocado 16
Sandwich mit Schweinebraten und Kräutermayo 95
Sandwich mit Senf-Pickles 109
Sauerteigbrot 166
Schellfisch mit Kapern-Tomaten-Sauce 74
Schokoladenkuchen mit Johannisbeer-Coulis 153
Schweinebacken in Portwein 100
Schweinebraten und Kräutermayonnaise, Sandwich mit 95
Schweinebraten, grüner 94
Schweinelendchen mit Pestokartoffeln 120
Schweinenacken mit Zitrone und Ofenkartoffeln 116
Seelachs, Kleine Kartoffeln mit Erbsenpüree und 52
Selbstgemachte Mayonnaise 162
Sesam-Dipp, Reispapierrollen mit 127
Spaghetti Meatballs mit Zitronen-Petersilien-Pesto 143
Spinatsalat, Gebackener Kürbis mit Pestofisch und 45
Spitzkohlsalat, Fischspieß mit 83
Stjerneskud (Sternschnuppe) mit Krabben 78
Süßsaurer Kartoffelsalat mit Liebstöckel und Würsten 53

T

Tarte mit Zitrone und Baiser 157
Thai-Fischsuppe 84
Thunfisch mit Paprikasauce 87
Thunfischsauce, Fleisch mit 98

W

Weißkohl mit Zitrone, Kapern und Oliven, marinerter 61
Weißkohl-Tsatsiki, Wrap mit 115
Weißkohlsalat, Hühnchen mit Kartoffelgratin und 23
Wrap mit Weißkohl-Tsatsiki 115
Wurzelgemüsebett, Zitronenhühnchen auf 15

Z

Zitronen-Petersilien-Pesto, Spaghetti Meatballs mit 143
Zitronenhühnchen auf Wurzelgemüsebett 15
Zwiebelpizza, französische 50

Dank

Zu allererst danke an meine Redakteurin Nina Zinck vom Politikens Forlag, dass sie es möglich gemacht hat, dieses Kochbuchprojekt zu realisieren, und die Idee Wirklichkeit werden ließ. Danke für all die guten, konstruktiven Ratschläge, die das Konzept und die Rezepte des Buches auf den Punkt gebracht haben.

Die Fotografin Line Thit Klein – ich fühle mich geehrt, dass du für dieses Buch fotografieren wolltest, und bin stolz darauf, dass es deine schönen Bilder enthält.

Die Food-Autorin Cecile Svensson – danke für fachlichen Beistand und all die praktische Hilfe bei der Entstehung aller Bilder des Buches. Vielen Dank auch für das Gegenlesen der Rezepte. Die Köchin Pernille Skjødt – danke für das kritische Lesen und fachliche Durchgehen der Rezepte. Du bist auf dem Gebiet des Essens ein großes Vorbild für mich.

Meinen Mann, Matias Seidelin, und unsere Kinder, Anna und Carl Valdemar – meine fantastische Familie, mit der ich mit Freude jede Mahlzeit teile und die sich geduldig durch die Rezepte des Buches gegessen hat.

Auch ein großes Dankeschön an alle anderen Mitesser, die die Rezepte des Buches probegegessen haben; ihr wisst, wer ihr seid, und ich hoffe, ihr wart ehrlich, als ihr das Essen gelobt habt.

Last but not least ein großes Dankeschön an meine Mutter, dass sie mich mit dem Wert großgezogen hat, dass gutes Essen von Grund auf beginnt, und an meine Eltern und meinen Bruder, dass sie mir die Freude am Kochen und Essen gegeben haben. Das ist eines der besten Geschenke, die man im Leben bekommen kann.

DANKE AN REMA 1000 FÜR DAS SPONSORING DER ZUTATEN FÜR DIESES BUCH.

VERLAGSGRUPPE PATMOS

PATMOS
ESCHBACH
GRÜNEWALD
THORBECKE
SCHWABEN

Die Verlagsgruppe
mit Sinn für das Leben

Aus dem Dänischen von Julia Gschwilm

Umschlaggestaltung: Finken & Bumiller, Stuttgart
Gedruckt in Slowenien
ISBN 978-3-7995-0581-9